停止
不恰当的教育

〔日〕友田明美◎著

朱曼青◎译

子どもの脳を傷つける親たち

四川科学技术出版社

目
录

第三章

不当对待造成的脑部创伤及其影响

第四章

相信儿童脑部的自我修复能力

第五章

健康发育所必需的依恋关系

第六章

摆脱不当对待

后 记

第一章

阻碍大脑健全发育的伤害

"心灵"与脑的密切关系

被问及"心灵究竟在哪里"时，不知大家会如何作答。日语中，通常会用"胸口很疼"的说法来形容内心受伤，用"拿手贴着胸口"来形容心灵的位置。

英语中"heart"一词通常被译作心灵、心脏，因此，不少人或许认为心灵位于胸口。确实，当我们感到不安、害怕的时候，心跳会加快；当我们极度紧张时，会感到心脏一紧。

然而，从科学的角度来看，心灵应源自脑部。心脏怦怦直跳或者胃部感到疼痛，这些都是受大脑指令分泌出的激素对身体产生的影响。

除了喜怒哀乐等情绪外，我们的思考方式，对人际关系的处理，对突发状况和困难的应对，甚至我们每一天、每一瞬的思考和行动，都是由"脑"来掌控的。

受伤儿童的脑部

如此重要的脑部，往往会因承受过度的压力而遭到物理性的损伤。笔者是一名小儿精神科医生，近30年来一直从事与儿童成长相关的临床研究。笔者经过多年研究发现，儿童的脑部会因受成年人不恰当的行为的影响而发生变形。

人类刚出生时，脑部重量大约只有300克。随着时间推移，大脑逐渐发育，脑部达到相应的重量，且逐渐习得生存所需的各项技能。儿童在发育过程中，有三个时期脑部极易受到外界影响，因此至关重要。这三个时期就是胎儿期、幼儿期和青春期。在此阶段，儿童脑部的健康发育离不开来自父母或抚养者的关怀和爱。

在这些阶段，如果儿童遭受过度的压力，敏感脆弱的脑部为了应对压力会产生痛苦，由此激发维持生存的防御反应，从而会导致脑部变形，影响脑部功能，阻碍儿童的健康成长，其影响甚至会持续终身。

比如，有的儿童冲动易怒，会对身边的人施以暴力，长此下去，长大后易变成社会不良分子；有的儿童难以感知到快乐和成就感，为了追求更大的感官刺激，对酒精和药物产生依赖；有的儿童由于成长中缺乏爱和鼓励，自我认同感低，难以养成独立能力，容易罹患抑郁症，甚至发生自残行为。

有的儿童从幼时起就断断续续出现某些相关症状，也有的会在一段时间后突然出现。如果长大后踏上工作岗位或者成家立业之后出现这些症状，不仅会给自己，也会给周围人带来伤害。这是在正常的环境下健康成长起来的人永远无法感同身受的。

长期遭受不当对待导致儿童脑部变形

从2015年日本厚生劳动省公布的福祉行政报告来看，近十几年来，全国儿童咨询所接到的虐待儿童案件数量持续增长，2015年达到了103 286件，为历史最高纪录，是1999年《儿童虐待防止法》（与防止虐待儿童相关的法律）颁布之初虐待儿童案件数量的8.9倍，较上个年度增长了16.1%（较上个年度增长了14 355件）。

笔者认为，造成这一变化的原因是多方面的。除了虐待案件本身的增长外，儿童咨询所开通的全国热线愈发广为人知，人们有了反映问题或情况的渠道，再加之媒体对虐待儿童案件报道的增加，都促使大众对相关问题的关注度不断提高，反映的情况也就多。

从被虐待儿童的年龄来看，小学生最多，占34.7%，3岁到学龄前儿童占23%，0～3岁儿童占19.7%。

受理案件中，心理虐待占比最大，其次是身体虐待（如图1-1）。

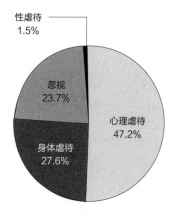

性虐待
1.5%

忽视
23.7%

心理虐待
47.2%

身体虐待
27.6%

图1-1　儿童咨询所受理的虐待案件类型分布比例

（来源：日本厚生劳动省官网 2015年速报值）

说到"虐待"，大众脑中首先浮现的可能主要是媒体曾报道过的事件，感觉距离自己很遥远。其实不然，日常生活中的"不恰当行为"也可以称之为虐待，会造成本书前面提及的对儿童脑部发育的影响。

由于"虐待"一词语气过重，使用中容易使人忽视其问题实质，所以研究人员主要使用"不当对待"来描述作为强势一方的成年人对弱势一方的儿童所做出的不恰当行为。比如，言语上的威胁、恐吓、辱骂，对儿童的无视、漠视，以及发生在儿童眼前的父母激烈争吵等，都属于不当对待的范畴，下文会进行详细介绍。

可以说，在日常与儿童的接触中，没有一个家庭是完全不存在不当对待的。

不当对待的强度和频次越高，对儿童幼小心灵的伤害就越大，导致儿童在成长过程中发生脑部变形的可能性越大，这一事实是不容忽视的。

此前，人们通常将学习意愿低下、抑郁、进食障碍、行为失调等精神疾病归咎于先天因素，但随着脑科学研究的不断进步，发现这些症状的出现和恶化都与儿童时期遭受的不当对待而引发的脑部变形息息相关。

无法适应社会生活的青少年和成年人，其背后是儿童时期遭受的不当对待产生的影响在作祟。

虐待儿童增加社会性成本

诺贝尔经济学奖获得者芝加哥大学教授詹姆斯·赫克曼曾经做过一项调查，研究公共资金在人生命周期的哪个阶段使用"性价比"更高。学龄前项目、学校教育、就业支持等不同阶段都需要消耗公共资金。其中，在0～3岁婴幼儿期使用公共资金开展精神关怀，对容易深陷虐待儿童泥沼的家庭进行及早干预，开展相应的育儿支援和早期教育，要比成年出现重度症状之后再亡羊补牢的"性价比"高。

另外，日本花园大学和田一郎教授曾做过虐待儿童的社会性成本的相关研究，其2014年在《儿童福祉研究》上发表的论文中提到，在日本，虐待儿童导致其死亡、伤病、学习能力下降造成的生产性损失，成年后离婚、犯罪、生活保障等产生的社会福祉成本以及医疗费用等公共经费，每年合计约16 000亿日元（根据2012年数据推算）。

世界各国都在开展类似的社会成本分析研究。日本由于缺乏对受害儿童和家庭的长期跟踪研究，缺少与虐待儿童相关的医疗费用等基础研究数据，因此实际消耗的公共经费额度或高于此推算数据，至少有16 000亿日元的税收需花费在与虐待儿童相关的事务上，这一数据令人瞠目结舌。

从脑科学角度守护儿童成长

笔者有两个女儿，时常回顾自己的育儿经历，扪心自问是否算合格的母亲。

对于这个问题，笔者很难自信地做出肯定回答。

育儿的同时兼顾工作，口头上说来简单，实际上却困难重重。现在，女儿们已经成年，也成了笔者的强大精神支柱。然而回想起当年的育儿经历，可以说每一天都不容易。

有很多次在还没弄清孩子为什么哭，为什么那么不听话时，就控制不住自己的情绪，感到厌烦。甚至想过，如果给孩子服安眠药，让他们安静睡着了该有多轻松。这种想法听起来是很吓人，但笔者确实真的不止一次产生过这种想法。理想中，父母应该不论什么时候，不管什么情况，都爱自己的孩子，原谅自己的孩子，但实际的育儿经历让这种理想化的期待逐渐被消磨。

另外，在医院可能偶尔见到一些满身伤痕的孩子。他们之中，有的因为父母或其他亲人的暴力，头部受了伤或胳膊上布满了被烟头烫伤的痕迹；有的可能旧伤未愈，又添新伤；有的孩子甚至因无法治疗，失去了生命。

不论什么原因，这种伤害孩子的行为都是不可饶恕的。看着这些成为加害者的父母，笔者也会不断自我反省，提醒自己，不要步他们的后尘，对自己的孩子造成伤害。

笔者意识到得采取措施，改变这种孩子被成年人肆意伤害的状况。

之后，笔者便将与儿童成长相关的儿童神经学脑科学研究作为终身事业并坚持至今。

从脑科学的层面解析儿童心灵发育的研究目前仍处于初级阶段。虽然有些问题无法通过科学来解决，但笔者相信，科学所给予的结论与知识一定能够抑制成年人对儿童的不当行为。

世上没有完美的成年人。儿童也是在挫折和失败中不断成长起来的。但在他们的成长过程中绝不允许出现造成他们脑部变形的伤害。

本书将从科学角度分析不当对待与儿童脑部发育的关系，希望通过本书向更多人传达及早应对不当行为的重要性。

第二章主要介绍什么行为属于不当对待，特别是除了明显的虐待行为之外，什么是日常生活中的不当对待。

第三章主要从科学视角来阐述不当对待如何影响儿

童脑部的发育。虽然不当对待会损害儿童脑部这一事实令人震惊，但希望大家能够坚持读下去、读进去。行文中会用到一些较为生僻的医学和脑科学专业词汇，但笔者会注意在解释说明时尽量使用相对简单易懂的语言。相信此章内容能够帮助大家更好地理解不当对待与大脑发育的关系。

第四章主要介绍儿童大脑的韧性和修复能力，具体阐述治愈心灵创伤的方法。章节末尾会通过一些具体案例来说明不当对待的产生背景、相关心理疾病的内在和外在表现以及相关治疗方法。想先了解具体案例，可以从这一部分读起。

然后就是本书的高潮部分——第五章。此章主要说明如何重塑与孩子的依恋关系，这是儿童健康成长不可或缺的重要因素。同样，章节末尾会通过一些具体案例来举例说明。

最后一章主要阐述除对儿童进行援助外，对父母进行支持援助的重要性，以及全社会重视不当对待与儿童成长关系的必要性。

希望通过本书能够给那些遭受不当对待而受到伤害的人一些帮助，希望能够阻止悲剧的进一步发生。

第二章

存在于日常生活中的
不当对待

什么是心理发育障碍

笔者所在的福井大学医学部附属医院设有专门面向婴幼儿至18岁孩子的心理诊疗部。在这里，笔者作为一名小儿精神科医生，与众多同仁们一起为有心理发育问题的孩子诊断、治疗并提供帮助。由于日本国内像这样的专业机构较少，所以全国各地都有患者到此治疗。

说到心理发育障碍，可能大家最先想到的是孤独症（又称自闭症）或多动症等疾病。此前很多人曾认为这类疾病主要受先天性因素影响，与成长环境无关。

然而，导致儿童心理发育障碍的因素不仅是先天性的，后天因素导致的案例也不少。所谓后天因素，是指成长环境，也就是家庭环境。原本应保护、养育和善待孩子的父母却持续对孩子做出不恰当行为，对孩子造成伤害，导致其身体和精神发育受到损害。

比如，笔者曾接触过下面这样一个病例：

A是一个9个月大的婴儿。孩子被带来诊疗室时，表情非常空洞，对什么都没有兴趣，呼喊其名字也没有反应。婴儿9个月大时正是对周围事物充满好奇心的时候，孩子会因为一点小事就开怀大笑或者因为怕见生人而哇哇大哭，这一时期正是形成喜怒哀乐情绪的重要阶段。然而A却显得很木讷，玩具也无法吸引其注意力，且不愿与任何人对视，而且原本已经学会了坐的A，突然坐不起来了。这是一种退化现象，也就是通常说的"又变成小婴儿了"。医生们对A进行了会诊，得出的结果是疑似自闭症。

确实，这些表现都符合自闭症的症状。但是，通过了解A的家庭成长环境，笔者发现A的母亲因罹患抑郁症住院，A主要由其外祖母抚养。在当地保健所医生、儿童咨询所工作人员以及社会服务志愿者们的共同努力下，我们了解到了A更为详细的家庭情况。A的外祖母患有更年期综合征，对自己的女儿以及外孙女经常恶言相向，她们每天都生活在骂声之中。两人虽然没有遭受身体上的暴力，但却常常遭受着言语上的暴力。

A的外祖母的过度语言暴力也是一种虐待。日本《儿童虐待防止法》第二条中将虐待细分为四种：

①身体虐待。

②性虐待。

③忽视。

④心理虐待。

提起虐待这个词，我们首先联想到的可能是身体虐待和性虐待。关于忽视问题，近来常被媒体报道，可能了解的人也比较多。所谓"忽视"，就是我们常说的"放弃育儿"，比如不给孩子正常喂食，不给孩子更换尿不湿，不帮孩子解决排泄问题，以及长时间将孩子独自置于家里或车内等。

A主要遭受的是言语上的辱骂，属于心理虐待的范畴。此类虐待不仅包含对儿童造成的直接威胁，还包括在孩子面前发生的父母家庭暴力等间接伤害。笔者后面会对相关内容进行详细阐述。此处所指家庭暴力不仅包括肢体冲突，也包括激烈的语言争吵等。

造成儿童身体明显创伤甚至生命危险的虐待会被电视、报纸、网络等媒体报道。但是虐待不仅限于此，有很多虐待行为以管教为名，融入日常生活，甚至成了一种行为习惯。

这些虐待行为乍一看不具残暴性，甚至很不起眼，但如果长期持续，会对孩子造成严重伤害，影响其心理发育。

什么是不当对待

19世纪60年代，将"虐待"作为医学概念推广的是当时美国科罗拉多大学的小儿科教授亨利·肯普。他的论文《受虐儿童综合征》使得当时人们对儿童受到身体虐待的关注度骤然提高。此后，受女权运动的影响，人们对性虐待的关注度也显著提高。

19世纪80年代，人们提出了"儿童不良对待"（child maltreatment）这一概念，并得到广泛使用。

"maltreatment"一词由词干的"treatment"（对待）以及前缀"mal"（坏的）组成，在日语中相当于"不当对待"的意思。

这个词与"虐待"基本同义，都是指妨碍儿童身心健康发育的所有行为，涵盖成年人对儿童所有的不当行为，覆盖范围广。

不论成年人的加害行为是有意还是无意，也无论加害行为是否对儿童造成明显的身体创伤或精神疾病，只要行为本身不恰当，都可被称为"不当对待"。

笔者非常希望这个词在日本国内的认知度能不断提高。因为"虐待"这个词容易让人产生偏颇认识，错误地认为自己和自己的家庭并不存在这个问题。

很多人即使对孩子做出了非常不当的行为，但总会觉得自己的行为距离"虐待"还很遥远，也就无视自己的问题。

比如，有的成年人即使明白对孩子毫无理由的拳脚相加是毋庸置疑的虐待，但总是找各种各样的借口为自己开脱。有的人觉得"我没下重手，不能算是虐待"；有的人想着"我是为了纠正孩子的错误，不得已而为之"；有的人认为"只此一次，不再犯就好了"。我们应该关注的不是不当行为的强弱，而是是否对孩子身心造成了影响。

另外，父母在每天辛辛苦苦的育儿中，一些主观上为了孩子好的举动也可能是不当的。在家庭这样一个封闭的环境下，外人很难做到对其客观地评判。

在对受到心理创伤的儿童的治疗中，父母在描述时总有一些自保和自我辩护的倾向，回避对孩子有过不当行为。当然，绝大多数父母并不是因为憎恨自己的孩子才做出不当对待，这一点是毋庸置疑的。如果把父母的一些行为都贴上"虐待"的标签，等于剥夺了他们改过的机会，这对于未来亲子关系的发展绝无益处。

笔者认为，"虐待"这个词并不能广泛地涵盖所有的问题。日本国内外关于此类问题的研究和治疗中，都会用"不当对待"进行表述。本书也将主要用这一表述。在使用日本政府统计数据时，会根据情况适度使用"虐待"一词。

另外，在讲到不当对待时，经常会提到父母这个对象，但是不当对待的主体并不仅限于父母，代替父母的抚养者以及学校的老师、孩子身边的成年人等都包含在内。

此外，使用不当对待来取代"虐待"一词，并不是为了给父母的不恰当行为开脱。

不论一些行为是强还是弱，不论是否出于为孩子好的本意，不论是有意为之还是无心之失，所有对儿童造成伤害的行为都是不当对待，而且，一些行为一旦被认定为不当对待，作为成年人，应该老实承认并真心悔改。

不论大家是否已经有了孩子，希望都能通过这本书了解下什么是不当对待，以及怎么才能防止孩子受到伤害。希望我们能一同探讨，加深对不当对待的理解。

父母大都存在的不当对待

对几乎所有的父母来说，育儿都是一种人生初体验，基本是在多次尝试和失误后才学会如何与孩子相处，如何爱自己的孩子。因此在笔者看来，无论再怎么小心谨慎，世上都没有十全十美、从未对孩子做出过不当对待的父母。

这里笔者也要坦白，对两个女儿确实也有过很多次不当对待的行为。有时候出于为孩子着想（大部分父母都会用这个理由）而做出了过激行为，也有时候会把自身积累的压力冲着孩子发泄。

笔者记忆深刻的是，有一次在冲动之下对孩子动了手。那时候两个孩子都还在上小学。有一天笔者结束了医院的工作跟孩子一起回家，刚要进公寓楼，大女儿就把公寓大门的钥匙不小心掉进了路边的排水沟里。那是个寒冷的冬夜，笔者当时已精疲力尽。排水沟上盖着铁栅栏盖子，沟很深，笔者根本无法捡回钥匙。笔者大喊着："看看你都干了什么？"同时伸手打了孩子的头。
虽然下手不重（大多数父母都会这样辩解），但是冲动
之下对孩子动手已是事实，这让笔者后悔不已。

　　还有一次，笔者曾将小女儿置于危险之中。那是她
2岁时候的事。在一个休息日，医院突然打来电话让笔
者赶过去，这时候小女儿正好在午睡，她一般会熟睡一
两个小时。笔者想着，在她醒来之前应该可以赶回来，
不会有什么问题。于是笔者悄悄离开家，两个小时之后
处理完工作就回来了。还没进家门，隔着门就听到了女
儿的哭声。笔者慌慌张张地进门后，发现小女儿哭得非
常厉害。之后邻居告诉笔者，听见孩子一直在哭，很是
担心。后来想想，应该是笔者一出门孩子就醒了，一直
哭了两个小时左右。如果孩子为了找妈妈而出门，很可
能会发生意外事故。一回想起那时候孩子的哭声，笔者
就心痛不已。

　　笔者的这个行为其实就是忽视。

　　对孩子来说，一睁眼只剩下自己孤身一人，是冲击

性非常强、非常可怕的一件事。如果这件事发生在美国，笔者很可能就要被逮捕了。

说来惭愧，这样的例子笔者还能举出很多。重要的是，我们要承认这些行为是错误的，应努力去改善与孩子的相处方式，纠正自己的行为。如果认识不到自己的行为存在问题，或者即使认识到了也视而不见，长此以往，会给孩子的心灵留下深深的伤痕，影响孩子的健康成长。

看到这里，不知大家是否也回想起自己所做的一些类似的举动呢？这些行为虽然已经无法挽回，但是从现在开始修复亲子关系也为时不晚。为此，我们先要了解到底什么样的行为是不当对待，然后不再重复此类言行。

接下来，笔者将详细介绍不当对待的几个特征。

对身体的不当对待——体罚是管教吗

不当对待中最严重的是身体暴力，比如踢、打、

砸、烫等行为，其中有很多最终发展成恶性事件，甚至
有孩子因此而失去生命。

如果因被殴打留下了伤痕，即使孩子不说，周围的
人都能察觉到。当然，也有很多孩子受的伤掩藏在衣服
之下，不易被察觉。另外，狠揪孩子头发，把孩子的头
按进浴缸的水里之类的暴力行为，因为不会留下外伤，
也很难被发现。

日本旧时就有体罚孩子的习惯。父母和老师将施加
于孩子肉体上的痛苦作为教育的举措。记得笔者上学的
时候，有的同学因为忘带作业被赶到走廊罚站，或者因
为在教室吵闹而被罚正坐（跪坐），这些都是家常便饭
了。另外，对于一些品行不良的学生，老师也经常拍打
他们的头或者屁股。

体罚孩子是想让孩子通过身体记忆的方式区别行为
的好坏。按这个说法，体罚的目的是纠正孩子的行为，
而不是施加伤害。

但是对孩子来说，被大人殴打的感觉，就好比普通

成年人被专业摔跤手这样强悍的对手殴打一样。即使成年人觉得自己已把握好分寸，但孩子还是会感到极度恐惧，甚至绝望。即使身体上不留伤痕，这种恐惧感也会在孩子的心灵上留下深深的烙印。

为了防止和应对虐待儿童行为，1974年，美国颁布了 *the child Abuse Prevention and Treatment act*（《儿童虐待预防和治疗法》）这一法律，将虐待细分为包括性虐待在内的四大类。此后，各州也制定和执行了相关法律。

现在，美国很多州都将以"管教"为名的过度体罚和暴力行为统一认定为"暴力"，发生类似问题时可以报警处理。儿童保育师、教师、儿童福祉相关机构职员等从事儿童保护工作的人员，若在工作中发现疑似遭受虐待的儿童，必须立即报警，这已成为一项法律规定的义务。

有的州即使没有明令禁止体罚，但也在积极开展"打屁股不是管教"之类的社会宣传活动，引导家庭正视儿童教育问题。

近年来，日本反对体罚对儿童的呼声高涨，体罚也在相应减少，但仍有顽固分子认为体罚是有教育效果的。

2012年，大阪市某高中的篮球部主力因不堪忍受顾问的频繁体罚而选择自杀，这一事件在社会上掀起轩然大波。

2017年，仙台市某高中生因为不堪忍受体罚而自杀。一位男教师为惩罚该学生上课打盹而拳打该学生的后脑勺；一名女教师为制止该学生上课讲话，曾用胶带粘上了该学生的嘴。

确实，老师教导学生绝非易事。想教会学生正确的道理，有时并不那么顺利。有的学生会反驳、反抗，有的学生会顶嘴，这时候老师确实会想要大声呵斥或者动手管教。但是，想教给学生的道理真的能通过这种方式说到他们心坎里吗？

受思维方式和文化差异等因素的影响，对于"体罚到底是不是虐待"这个问题，可能难以做出绝对的论断。但一想到现在仍然有儿童可能因为遭受过度体罚而失去宝贵的生命，笔者认为体罚就是不当对待，就是应该废除、禁止。

人们总是会试图使自己的体罚等暴力行为合理化，自我欺骗道：这都是为了纠正孩子的不良行为而做出的正当管教。

在日常生活中，谁都会有试图使自身行为合理化的时候，甚至有的父母在因体罚给孩子造成巨大的身体创伤时，仍然嘴硬地对自己和周围人说："这只是为了让孩子改过向善的管教而已。"

2010年，京都府宫津市发生了这样一起案件：一位母亲和同居对象对年仅6岁的大女儿施加暴力并置之不管，导致孩子失去意识。体罚的理由是，女儿没有遵守细嚼慢咽的家规。第二年，这位母亲被京都地方法院判处了五年零六个月的有期徒刑，其同居对象被判处了七年有期徒刑。

这个案例可能比较极端。但经儿童咨询所介绍，到笔者医院就诊的孩子，很多都遭受过以管教为名的家暴。一些父母在纠正孩子行为时走极端，无法冷静地看待自己的行为。

体罚带来的屈辱感也是一种精神暴力

体罚的另外一个危害也是不容忽视的，体罚不仅是肉体上的不当对待，也是心理上的、精神上的不当对待。

不论是谁，在被比自己块头大的人施加暴力时，都会感到恐惧。就算身体没有损伤，自己在人前被殴打却毫无还手之力，也会感到非常屈辱。

在描述自身遭受体罚的经历时，人们时常会说"我明明没有做错却要挨打，我不服气""太屈辱了，我就是个废物"。比起身体上的疼痛，这种被强压着完全服从的屈辱感会深深地印刻在心里。所以说，体罚有百害而无一利。

这种身体上的不当对待所带来的后果将在本书的第三章中详细阐述。有一点希望大家不要忘记，这些行为不仅会对身体造成伤害，更会对大脑造成巨大创伤，影响孩子的心理健康成长。

性不当对待——难以被人察觉的虐待

提起性不当对待，人们首先想到的可能是身体碰触或强制性行为等，但性不当对待的范围远远不止于此。给儿童看色情图片、拍裸照以及没有身体接触的性不当对待行为也包含在内。另外，让儿童看自己的性行为过程，也是会对其造成伤害的性不当对待。

此类案例中，施暴者往往是孩子的亲生父母、养父母、帮忙照看孩子的熟人或亲戚等，基本都是孩子身边熟悉的成年人，而且性不当对待往往发生在相对私密的环境下，难以被察觉。同一屋檐下看似容易暴露，其实很难发现，或者即使发现了，有的成年人也会佯装不知。

比如，即使丈夫对女儿施加了性不当对待，有的母亲或许因为自身也遭受家暴而难以出手相助；有的母亲或许因为经常不在家，缺乏对孩子的关心而丝毫没有察觉。

性不当对待有长时间、持续发生的特点。被害人初次遭遇性不当对待时往往年龄较小，甚至没有意识到自己正在遭受性不当对待。

笔者接触过曾经来就诊的一个女孩子，她从很小的时候就在父亲的强迫下与其发生了性行为，但是一直没有察觉这一行为有何不妥。上了小学后，在与同学聊天时才发现，自己跟父亲的关系是不正常的。她感到困惑、羞耻，然而即使了解了事实，也无法拒绝父亲的要求，这让她更加感到恐惧和绝望。这种肉体上和精神上的创伤是难以言喻的。

像这种加害者与被害者之间关系非常亲近，导致事实难以浮出水面的案例还有很多。即便孩子想找人倾诉，也找不到合适的对象。除了因为怀孕、罹患性病或造成身体外伤的情况被发现外，如果孩子自己将这些藏在心底，他人很难发现。

考虑到加害者是自己的父母，由于害怕受到的伤害变本加厉，很多孩子在是否将事实公之于众方面难以做出抉择，而且即便鼓起勇气说了出来，在感受到倾听者对自己存在看法和疑虑时，很多孩子会觉得遭受这一切都是自己的错，自己是毫无价值的人，继而更加封锁自己，即使感染性病也想隐瞒受害的事实。

另外，还有一点不容忽视，被害人不仅是女孩子，还有男孩子。现在在日本，男孩子也会成为性不当对待的受害者。这还没有得到普遍认知，所以人们会错误地认为比起女孩，男孩要安全得多，相应的预防措施也就很不完善，而且有的男孩子即使遭受了性不当对待，也没有人会相信他的遭遇，甚至比女孩子更难以被人察觉。

2017年6月，就在执笔此书时，日本加重对性犯罪判罚的刑法修正法正式生效。这是1907年性犯罪相关刑法条律制定以来，时隔110年的首次修订。法律中，除女性外，将男性也列为强奸罪的被害对象。

同时，日本该修正法中加重了对以儿童为对象的性虐待的判罚。父母等监护人利用身份之便对未满18岁的孩子施加性虐待时，即使被害人不起诉，也将被判处"监护人性交罪""监护人猥亵罪"等。

法律的完善让人欣喜，但仅靠这点是无法保护好儿童的。有研究表明，遭受性侵害的儿童，心理发育会受到巨大损害，成年后罹患抑郁症、解离性失忆症等精神疾病的可能性大幅增加。我们不能让儿童处于这样的危险之中。

在性方面，父母应注意的不当对待

父母应不应该跟孩子一同观看带有性镜头的电影或电视剧呢？在饭桌上可不可以聊起孩子青春期的身体变化呢？孩子多大不能一起泡澡呢？

在美国，父母和孩子一起泡澡被视为性虐待。可见，这方面还存在文化差异。但重要的一点是，父母不能将自己的想法强加给孩子，要尊重孩子的身体和心理发育。

比如，如果孩子不想让父母看着自己换衣服，那父母就应该理解并接受。

忽视，危害儿童的健康和安全

正如在前面曾提到的，忽视也称为"放弃育儿"，是指没有给到孩子必要的照顾，让孩子自生自灭。比如，不给孩子吃饭、洗澡、换衣服，不满足孩子每天健康成长的身体需要，也叫作身体忽视。

对孩子的哭泣视而不见，拒绝与孩子交流，这些都属于忽视行为。比如，注意到孩子在闹脾气，但监护人却沉迷于游戏，不愿去管；看到孩子回家连头也不抬，专注于邮件和社交媒体；对孩子的搭话爱理不理等。虽然完成了基础的看护任务，但严重缺乏与孩子的沟通交流，这也属于忽视行为。

2010年，大阪市发生了这样一起案件：一位单身母亲经常将三岁和一岁零九个月的孩子单独留在家中，自己却在外与恋人同住。由于这位母亲经常不在家，最终导致两个孩子饿死在家中。再比如，有的父母将孩子放在车里，自己却沉迷于赌博，导致孩子中暑死亡等。这些社会性问题想必大家都见过报道。

像这些危及生命的案例可能相对较少，但不给视力只有0.1的孩子配眼镜，不给孩子接种疫苗，不带生病的孩子到医院就诊等，这些问题其实在日本是经常发生的。

如前文所述，笔者也曾将两岁的孩子置身于密闭的室内，自己外出工作。所幸当时没有发生意外，但是这一行为也属于忽视。

美国很多州的法律规定，监护人让低于一定年龄（主要是学龄前儿童）的孩子独处属于忽视行为，要受到法律制裁，严重的情况甚至可能被逮捕。记得笔者小时候，很多家庭都是父母同时外出工作，很多孩子都自己拿着家门钥匙，放学后孤身一人看家，或者自己单独出去玩儿，这在美国是难以想象的。

最近日本也出现了变化。比如上小学前，不让孩子自己独自外出玩耍，不让孩子单独跑腿买东西，去兴趣班一定要有成年人接送等。为了让孩子玩得安全，在很多地方，成年人会陪着孩子一起玩耍。

"放任主义"是指给孩子充分自由的教育方式，但在社会安全难以确保的当下，放任可能就等于忽视。这之间的界限很难划分，难以找到一个百分之百正确的标准。但在儿童还难以依靠自身确保安全之前，笔者认为成年人有义务守护他们的安全。

缺乏肢体接触，影响大脑健康发育

肢体接触对儿童的成长发育至关重要。如果亲子间肢体的互动过少，某种意义上也是一种精神上的忽视。

与20年、30年前相比，现在日本的专职家庭主妇少了，回归职场的母亲多了。母亲结束工作之后要抓紧去托儿所等地方接孩子，回家之后又要抓紧时间准备晚饭，趁吃饭时间用洗衣机洗衣服，还要趁着孩子洗澡时洗刷碗筷，孩子入睡之后还得为第二天做准备。像这样，在有限的时间里忙得像陀螺一样的母亲有很多；父亲同样如此。孩子看着父母忙碌的身影也会开始学着独立，对父母的敬畏也一点点积累起来。

但是对孩子来说，在父母身边撒娇的时间是不可或缺的。孩子需要通过与父母的眼神交流、欢笑嬉闹及拥抱等肢体接触，感受亲子温情，这样的时光非常宝贵。

家务、工作上的回信等到第二天也来得及。但是如果父母错过了孩子的一天天成长变化，真的会追悔莫及。

希望大家能够尽量挤出与孩子、肢体接触、沟通交流的时间，这不仅是作为一名孩子的母亲给大家的建议，也是作为一名小儿精神科医生给各位的建议。从科学的角度来看，肢体互动、沟通交流对孩子的心理和大脑发育影响重大。

如何防止忽视引发的依恋障碍

近期，"依恋障碍"一词出现的频次增加不少。

依恋，翻译自英语的"attachment"，表示孩子与特定母性人物（可以是父亲）之间形成的牢固的亲密关系，也是亲子关系的关键所在。

孩子被父母抱在怀中，在与父母的对视和共同欢笑中感受到安心感和信赖感。有了正常的依恋关系，儿童能在成长中获得向外界探索的力量。有了被爱的自信和安心感，儿童的心理就能健康成长。

即使遇到困难、遭受挫折，只要儿童感受到有可以寻求慰藉的安全场所，有陪伴、安慰自己的人在身边，有了这种心理上的安定，就能够逐渐适应社会。

依恋障碍是指自身安全受到威胁时，感到没有可以寻求慰藉的场所能使自己安定下来的状态。如果儿童被父母虐待或不当对待，或者在成长过程中辗转于不同监护人之间，就容易产生这种感觉。

笔者研究发现，患有依恋障碍的儿童不仅精神处于不稳定状态，部分脑神经发育也出现了问题。详细内容将在本书第三章中进行讲述。

患有依恋障碍的儿童长大后，难以建立起良好的人际关系，缺少成就感带来的喜悦，做事缺乏积极性，还会有其他诸多问题。

因此，在幼年时期构建起牢固的亲子关系，对儿童的成长至关重要。不能忽视牵手、拥抱这些细微的动作。不能因为孩子看似愉快地看着电视、玩着手机和平板电脑，就对其不管不顾。

现在，"手机育儿"的家庭普遍存在。"手机育儿"是指在孩子婴幼儿时期，父母将手机等智能设备作为益智玩具给孩子使用。父母觉得，在孩子专注于这些智能设备时，他们可以稍微放松身心，缓解精神压力，未尝不可。

但凡事都要有度。父母得到解放的同时，也应确保与孩子保持应有的肢体互动和沟通交流。

不能因"手机育儿"而忽视孩子

2017年5月，日本内阁府发布了一项关于低年龄层儿童的网络使用环境调查的报告，其中公布了儿童对联网设备的使用情况。结果显示，2岁儿童中，使用手机、平板电脑等电子设备的儿童占比约为37.4%；3岁儿童中使用这些设备的儿童占比为47.5%；9岁儿童中使用这些设备的儿童占比达到89.9%。

现在，能够独自玩耍、容易看顾的孩子多了起来，当然，这不仅仅是受智能手机等的影响。这里还是希望大家能够回顾一下自己的育儿经历，思考一下自己是否与孩子保持了足够的肢体接触和沟通交流。如果自我感觉在育儿中缺少了与孩子的温情相处、欢乐嬉笑和交流，希望大家能够有意识地增加与孩子的交流，通过肢体接触切切实实地告诉孩子，父母的怀抱永远是他们的安全港湾。

不习惯肢体接触的孩子，起初会有些抵触，或有意逃避，这时可以通过小游戏、小动作来有意识地增加接触时间，比如把孩子抱坐在大腿上、互相挠痒痒等。希望大家能养成习惯，每天睡前都回顾一下今天与孩子交流了几次，聊了些什么。

在家庭中，不论是父亲还是母亲，如果与孩子相处的时间过少，只专注于自己的生活，只满足自己的需求，那么这些行为都属于忽视。

什么是心理上、精神上的不当对待

心理上、精神上的不当对待问题同忽视一样，还没有引起足够的重视。

日本警察厅生活安全局少年课的调查显示，2018

年，日本儿童咨询所共受理了54 227名儿童的虐待案，其中，心理虐待案为37 183件，占68.6%，远高于其中的身体虐待案的11 165件（占20.6%），占半数以上。

比如，经儿童咨询所介绍到笔者医院就诊的一个小姑娘，虽然有着好听的名字，但是父母却总喊她"垃圾"。在这种情况下，孩子怎么可能健康成长呢？

心理上不当对待是指伤害儿童心灵的行为。比如贬低儿童，称其为"笨蛋"或"废物"；比如差别对待，恐吓、辱骂儿童等。此类不当对待行为多以言语出现，所以称作"言语侮辱"。

"当初就不应该生下你""如果没有你，我也不会结婚，不会过得这么苦""你怎么不管做什么都这么笨，还不如死了算了"诸如此类否定了孩子存在的言语，即便很多人不会把话说到这个程度，但是情绪爆发后骂孩子几句，类似的行为应该还是不少的。

兄弟姐妹间的过度对比也会伤害孩子的心灵。比如，通过与哥哥的成绩做对比来指责弟弟的成绩不理想；比如，在亲戚面前只表扬妹妹，无视姐姐的感受等。这些都属于不当对待。

此外，一些不直接针对孩子的言语也会对他们造成伤害。比如，母亲对父亲的过度指责（反之亦然）；又比如，祖父母在孩子面前讲父母的坏话，孩子会因为自己深爱的母亲（或父亲）遭到否定而感到悲伤，同时因为血脉相连，进而对自己进行否定。

否定孩子人格的语言不是管教

我们在讲体罚相关内容时也曾提到，管教与不当对待是不一样的。

所谓管教，是纠正孩子的不良行为，教授他们生存和生活必需的技能和礼节。

当孩子向别人抛掷物品时，父母对孩子讲道理说："这样会伤害到别人，是不对的。"这是管教。然而，如果父母对孩子说"朝着别人丢东西，你简直坏透了，你没救了"之类的话，就不是管教了。

管教是对事不对人，应该纠正的是行为本身，而不是尚处于成长阶段的孩子的人格。否定孩子的人格，是达不到教育目的的；相反，孩子会觉得自己是个没用的人，自我认同感低下，导致孩子没有自信，习惯性看人脸色，为了逃避问题和责难而说谎成性。

对于孩子来说，父母的评价如同盖棺论定。大家可以回想一下自己小时候是不是这样。

进入社会后，大家都能渐渐明白，成年人也是会犯错的，人也不总是正确的，也不总是能够冷静地看待自己犯的错。但如果是被父母否定了自己的言行，不论多大年龄，这种打击都是巨大的。小时候受到的打击就更大了。

对于小孩子来说，被父母否定就等于被全世界否定。即使孩子顶嘴反驳或者装作没听到，这种否定也会使孩子的身体和心灵都受到冲击和伤害。

作为父母来说，从孩子那里得不到期待的反馈，会使得他们越发失去冷静，无暇照顾孩子的情绪，甚至说出更加过分的话。

长此以往，恶劣的语言环境就成了一些家庭的常态。一句句过分的话对于儿童敏感柔软的心灵来说是一个又一个重创，而且这些伤害会越积越多。

一旦一些错误的言语成了日常习惯，父母自己就更难觉察得到了。希望大家能够回顾一下自己的育儿过程，重新审视一下自己平时对孩子说话的用词和语气。如果感觉自己最近言语不当，从现在开始改正也不算晚。毕竟，孩子在原谅他人方面，都是天才。

孩子有了父母的表扬才能健康成长

在育儿时，经常有父母会否定孩子的努力。当孩子正竭尽全力为某个目标努力的时候，父母本应多加赞许，但有的父母却过于心急，甚至说出"你没有发挥出应有水平啊""怎么这点事情都做不好"之类的话，导致孩子心灵受创。笔者反省自己的育儿经历时也发现了此类问题。

前几天，小女儿说了这样一番话："小时候你经常让我在大家面前表演心算，我因为算不好被嘲笑，我当时可难过了。"

事情已经过去十多年了，但当时受伤的经历却好像深深地烙在女儿的脑海里。回想起来，小女儿小时候确实不擅长心算，再加上笔者当时希望培养小女儿的抗压能力，确实是让她在其他人面前练习过心算，而且在小女儿算错的时候，笔者会半抱怨半谦虚地苦笑着对旁人说："真伤脑筋。"笔者自己几乎完全不记得这些事了，但是小女儿却一直没能忘怀。

能够当着很多人，面不改色、心不跳地发挥自己应有的实力确实是一件值得称赞的事情。但是，这个能力并不是生存的必需技能，没有必要冒着伤害孩子自尊心的风险来做这件事。笔者现在才明白这个道理。

父母有教育孩子的义务，为了孩子的未来，想拼尽全力是可以理解的，但是，如果教育和管教中丧失了冷静，导致孩子受到伤害，反而会破坏孩子的发展潜力。希望正在经历育儿的家长们能够吸取笔者的教训。

对孩子来说，得到父母的认可是重要的人生基石。成年人有必要再次正视这一点。

目睹家庭暴力对儿童的影响

精神上的不当对待较多表现在用强硬的语言威胁孩子或者对孩子表现出否定的态度。此外，父母在孩子面前施行家庭暴力，这种并非直接针对孩子的行为也会对孩子的心理和大脑的发育带来恶劣影响，也是一种精神上的不当对待。

2004年，日本对《儿童虐待防止法》修改后，在第二条关于虐待儿童的定义中有这样的叙述：有儿童的家庭中，配偶间的暴力（指对配偶身体做出的违法攻击，给对方身体带来损伤，或未带来损伤但做出了有损对方身心健康的言行，此处的配偶包含未进行婚姻登记的事实婚姻关系）会对儿童精神产生巨大的影响。

此前引用的警察厅有关调查结果中也显示，2008年对儿童的心理虐待中，使儿童目睹家庭暴力这一项占了46.1%，高于以往数据。

家庭暴力特指发生在夫妻、恋人间的精神或身体暴力。

根据日本内阁府男女共同企划局公布的配偶间暴力被害援助信息来看，2007年度（2007年4月至2008年3月）全国262家妇女咨询所和福祉事务局设立的配偶间暴力咨询援助中心受理的配偶间暴力案件达111 600件（公布于2008年9月16日），与2002年相比，增加了46%，咨询者中女性较多。2002年女性咨询次数为76 613次，2007年为109 629次。男性咨询者仅占1%～2%。

由于此类案件女性受害者占多数，此处就以女性受害者的情况举例。在案件中，受害女性经常会听到男性加害者这样说道："我虽然不是个好丈夫，但是我是个好父亲。"

男性加害者这种想法其实大错特错。虽然孩子并未直接受害，但是在目睹或听到家庭暴力的那时起孩子就已经是受害者了。即使平时对孩子再温柔，男性加害者也绝对不是一个好父亲。

由于儿童并不是家庭暴力的直接受害者，所以对家庭暴力与儿童发育关联性的研究并不充分。事实上，当儿童目睹父母间的家庭暴力时，心灵和大脑都遭受了巨大的压力。即便没有目睹，但由于儿童非常敏感，其实他们也能够感知到家里发生的事情。很多儿童会因为没有能力保护家人而感到深深自责。也有的孩子会因为只有自己没有受害而感到自责，甚至将自己归作为加害者一方。这种自责会成为精神创伤，蚕食孩子的心灵和大脑。

笔者会抓住演讲或诊疗等机会向家长们讲述目睹家庭暴力对儿童的影响，并建议夫妻吵架可以通过发邮件或者发信息的形式进行。这并不是开玩笑。如果争吵已经不可避免，无论如何也应该在孩子听不到、看不见的地方。希望大家也能参考这一建议。

东京大学研究生院医学系研究科的北幸子等研究人员曾做了一项实验：将遭受家庭暴力的38名母亲以及她们的51名孩子与实施家庭暴力的父亲隔离开来，观察母亲和孩子们的健康状态；同时研究家庭暴力家庭中，孩子在与施加家庭暴力的父亲见面时，父亲对孩子情绪和行为的影响。

从结果来看，被安排与父亲见面的孩子，发生内向性问题（比如不愿出门、身体不适、不安、抑郁等症状）的概率是完全不与父亲见面的孩子的12.6倍左右。此项研究主要针对施暴者是父亲的情况。同理可推测当施暴者是母亲时，应该也是类似的结果。

从研究结果可知，应该慎重决定是否让孩子与家庭暴力施暴者见面。围绕育儿问题，外界也在做出各种努力。为了孩子的安全和健康考虑，外界的及早介入以及养育环境的及早改善都非常必要。

对大脑造成更大伤害的语言暴力

那么，目睹家庭暴力而导致的精神创伤，会对孩子的脑部产生怎样的影响呢？

笔者与美国哈佛大学开展的共同研究显示，儿时目睹过家庭暴力的人，长大后枕叶视觉皮质中的舌回[①]比普通人小6%左右。

从萎缩幅度来看，目睹身体暴力导致舌回萎缩3%左右，而目睹语言暴力导致舌回萎缩幅度为20%左右，较前者高出6~7倍。也就是说，目睹语言暴力要比目睹身体暴力给脑部造成的损伤更大。

还有很多研究也阐明了目睹家庭暴力造成的严重影响。这里举一个例子，哈佛大学合作医院之一，美国马萨诸塞州麦克林医院的马丁·泰切尔博士曾做过一项有关身体虐待、心理虐待与精神创伤反应间的关联性研究。其结果显示，目睹家庭暴力且自身遭受语言虐待的

①主要负责视觉，尤其是字母的加工。另外，人们认为舌回也有可能参与逻辑分析和视觉记忆的加工。

经历会导致最严重的精神创伤反应。

精神上的不当对待，即使没有外伤，大脑也会受损

有人说，即使遭受了精神上的不当对待也不会造成外伤，更不会致死。然而，真的是这样吗？

确实，要说直接影响，精神上的不当对待不会致死，也不会引发哗然的舆论事件。遭受精神上不当对待的受害者不会像遭受身体上不当对待的受害者一样，瘦弱的身体上布满青紫和伤痕，但是，他们的心灵，也就是脑部却遭受了严重的创伤。创伤的影响要么会在受害者身上一点一点显现出来，要么会在受害者以为自己早已遗忘的时候突然出现，像后遗症一样一直折磨着他们。

目睹家庭暴力而导致舌回萎缩只是造成的诸多影响中的一个例子。研究表明，不当对待的形式不同，脑部

发生变形的部位也不一样。

脑部的变形会导致受害者陷入抑郁状态，对他人表现出较强的攻击性，无法正常表达自己的感情等。很多人甚至因此罹患厌食症，出现自残行为，或对药物形成依赖，难以过上正常的生活。最严重的还会导致他们走向犯罪的道路，或者了结自己的生命。

精神上的不当对待绝不是轻微的虐待问题。受害者就像被看不见的布条勒住了喉咙，常年遭受痛苦的折磨。因此，精神上的不当对待是极其残忍的虐待行为。

代理型做作性障碍——以伤害儿童来博取关注

与前文所说的"虐待"定义有所不同，在这里向大家介绍一种与不当对待相关的疾病——代理型做作性障碍。

做作性障碍是一种精神疾病，表现为通过装病甚至自残等行为来博取周围人的关注。这种伤害行为转嫁到他人身上，就是代理型做作性障碍。很多人会通过伤害自己的孩子来达成目的。

有个有名的案例发生在美国。当时媒体报道了一名8岁女孩与罕见病顽强斗争的感人事迹，引起了全国范围的广泛关注。然而所谓疾病，其实是女孩的母亲对孩子投毒，在输液时向液体中混入异物造成的。

日本厚生劳动省在调查监护人将儿童虐待致死的原因中发现，过去10年中，有4起案件是代理型做作性障碍造成的。

笔者也曾经接触过这类疾病的患者。

曾有一位母亲带着4岁的女儿来看病。母亲称孩子每晚都喊头疼，因此失眠并哇哇大哭。经过血液检查和脑功能成像等检查等后并未发现身体异常。后来儿童咨询所介入，将儿童与母亲分开，观察了一段时间后，发现是母亲在说谎。

代理型做作性障碍的患者（大多数为育儿中的母亲或父亲）会故意让孩子生病或残疾，并在别人面前演绎自己是个无私奉献的母亲或父亲，想要吸引家人和朋友的关注，博取赞赏或同情。有的人在孩子生病时显得轻松愉快；有的孩子的病症引人起疑，这些较为明显的疑点尚且能看得出制造假象的样子，但更多人是精心策划的，他们甚至可以瞒过医疗人员的眼睛。有的人为达目的，刻意给孩子吃药、打针，甚至给孩子做手术，损害孩子原本的健康。这种给孩子施以不必要，甚至有害于医疗的行为，也叫作"儿童医疗虐待"。

由于代理型做作性障碍很难让人察觉，所以此类人群潜在数量或许更多。

近年来，社交媒体上有很多父母会将孩子受病痛折磨的图片、影像放到网上，欲引起大众的关注。虽然其中故意导致孩子生病的家长只是少数，但是这么做的人或多或少都希望通过孩子来博取关注。

作为一名医生，笔者对这种现象是有所担忧的。在此，建议从事育儿支持相关工作的人员，或经常与有孩子的家庭打交道的人，在感受到一些家庭存在违和感时，能够多一点关注。

在研究不当对待对孩子脑部造成的影响中，笔者得出了以下两个结论：

①儿童的脑部会因不当对待而发生变形。
②脑部变形部位因不当对待的形式不同而不同。

儿童的脑部自其出生后就一直处于成长发育中，远比成年人想象的要柔软，也容易受伤得多。如果从本应最亲密、最安全的父母那里遭受了"攻击"，这种伤害会来得更深、更重。

本书第三章将围绕不同的不当对待对儿童脑部造成的创伤及给孩子的未来带来的影响进行详细阐述。

不当对待造成的脑部创伤及其影响

精神创伤阻碍儿童发育

心理学研究结果显示，儿时遭受虐待的被害人，社会心理发育不健全，精神防御系统过于发达，成年后容易产生挫败感，易出现精神问题。

换句话说，精神创伤会导致社会性、精神性发育不健全，受害者即便成年，内心仍然是个"受伤的孩子"。

此前，主流观点认为，可以通过治疗将受伤的部分进行再建构，消除造成精神创伤的记忆。因为精神创伤有三个主要成因，即生物学病因、心理学病因、社会环境病因。这种治疗方式的原理便来自于此。通过改善患者所处的环境，改变患者对事物的认知角度，从而治愈心灵创伤。

然而，大脑成像诊断的研究结果表明，儿时遭受的虐待会对发育中的脑部功能或神经构造造成永久性的创伤，甚至脑部会因不当对待的影响而停止发育，引发严重的精神创伤。也就是说，不当对待导致的精神创伤的成因是生物学层面的。

本章将从生物学病因层面来详述不当对待对脑部造成的损害和影响。

体罚导致前额叶皮质萎缩

过度的不当对待会给儿童心灵带来严重创伤，但即使心灵创伤再重，由于通过肉眼难以观察，也不容易引起重视。

心灵是由"脑"这样一个极其复杂的器官创造出来的。现今，脑成像技术不断进步，使得我们可以更加详细地诊疗脑部。研究人员对相关技术发展高度关注，并期待利用该技术对脑部进行详细研究，将心灵创伤以可视化的形式展现出来。

从研究结果来看，即使没有遭受不当对待，脑中的海马（图3-1）、杏仁核（图3-1）、额叶（图3-2）

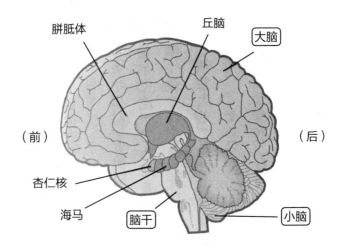

图3-1 大脑结构示意图

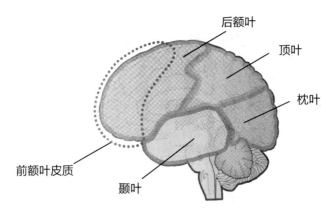

图3-2 大脑半球结构分区图

等部位较易受到压力影响。下面简单介绍一下这三个部位。

海马是位于颞叶内侧的结构，横截面形状细长，类似"海马"，故而得名海马。该器官负责处理大脑传输来的各种信息，基于这些信息形成记忆并保存。当人们产生感动或兴奋等强烈情感时，情感相关事件的记忆就与这一部位密切相关。

杏仁核位于大脑侧面内部，是形似杏仁的灰质核团，主要与人的情绪相关。简单来说，人类通过杏仁核进行部分价值判断，比如借由过去的经历和记忆来判断喜好和敌我关系。此外，该核团对与危险相关的信息尤其敏感。

额叶，顾名思义位于大脑最前部靠近额头处，其中的前额叶皮质与学习、记忆等密切相关。前额叶皮质还承担着控制海马和杏仁核等的重要作用。前额叶皮质可以防止杏仁核对危险和恐惧反应过度，可对其进行调控、约束。因此，如果前额叶皮质发育不健全，会导致患者经常感到恐惧和害怕。

2003年，笔者在哈佛大学与马丁·泰切尔博士开展共同研究时曾预测，上述这些可能为儿童脑部易受损的部位。为开展实验论证，我们在美国，面向年龄在18～25岁的1 500名男女进行询问，并从中挑出具有以下体罚经历的23人：

①体罚内容：打耳光、被皮带或木棍抽打屁股等。

②体罚年龄：4～15岁。

③体罚者：父母或抚养者。

④体罚频次：每年超过12次，连续3年以上。

为开展调查，我们还设置了必要的对照组，对照组的22人均未有过以上体罚经历。我们通过磁共振成像（MRI）对两组人员的脑部进行成像检查，收集详细的图像信息后，通过基于体素的形态学测量（VBM）原理对大脑皮质容量进行解析，比较两个对照组人员的大脑皮质容量。

从结果来看，曾遭受过严重体罚的研究对象与对照组相比，其前额叶皮质中用于调控情感、思考，与行动控制力相关的腹内侧前额叶皮质容量平均缩小19.1%，背侧前额叶皮质容量平均缩小14.5%，另外，与专注力、决策以及共情相关的前扣带回皮质缩小了16.9%（图3-3、图3-4）。这些部位的损伤将导致心理障碍或引发重复性犯罪的行为障碍等。

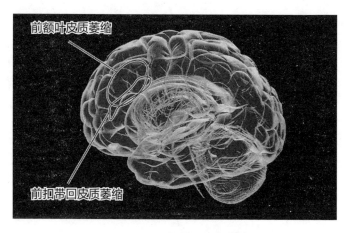

图3-3　严重体罚对脑部的影响

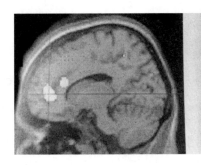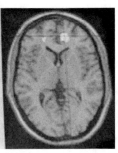

图3-4　脑MRI成像图

注：左侧为大脑纵切面MRI成像图，右侧为脑部横切面
MRI成像图。白色部分为容量减少后的前额叶皮质和前扣
带回皮质的一部分。

研究发现，6～8岁的儿童遭受的身体不当对待将对
其脑发育造成最严重的影响。

此外，近年来的研究表明，经历过度体罚的人将痛感
从肉体经丘脑（图3-1）传导至大脑皮质感觉区的神经传
导线路也变得更加纤细。这或许是脑部为了使身体对体罚
带来的疼痛感知更加迟钝而产生的适应性反应。

这一结果先暂且不论，单就身体不当对待给前额叶皮质带来的影响来说，结果与研究前的预测基本一致。

然而在其他不当对待的解析研究中，一些结果出乎了研究人员的意料。下面举一个性不当对待的例子。

性不当对待导致视觉皮质萎缩

为开展性不当对待相关研究，我们向554名美国学生询问了其相关经历。

我们将儿时遭受过性不当对待的23名女学生（研究组）与从未遭受过性不当对待且无任何精神问题的14名女学生（对照组）对比。首先使用MRI进行脑部成像检查，然后运用VBM原理进行解析，比较大脑皮质容量的区别。

结果显示，曾遭受性不当对待的研究对象相较于对照组，位于枕叶的视觉皮质容量减少（图3-5、图3-6）。

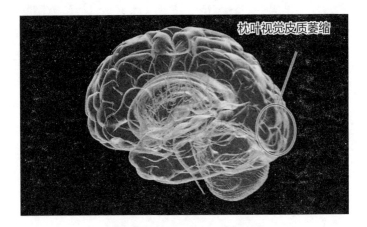

图3-5　儿时遭受性不当对待对脑部产生的影响

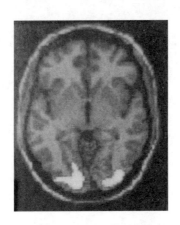

图3-6　视觉皮质萎缩范围图

注：白色部分为视觉皮质萎缩部分。

之后，又通过Free Surfer法对脑形态医学图像进行比较研究。

Free Surfer是美国马萨诸塞州综合医院开发的一款医学图像处理软件，可以详细测定大脑皮质各部分容量、皮质厚度以及表面积。该软件的优点在于可测算出脑内两点间距离等通常手段难以准确测算的数据。

Free Surfer法得出的结论与运用VBM原理得出的结论是一致的，遭受性不当对待的研究对象相较于对照组，其左脑视觉皮质的容量减少了8%左右（图3-7）。

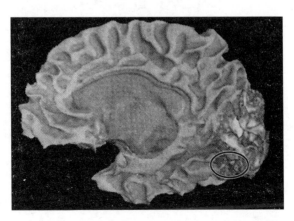

图3-7　Free Surfer法解析后的性不当对待受害者脑部截面图

其中受影响最大的是视觉皮质中与人脸识别相关的梭状回（图3-8）。遭受不当对待的研究组相较于对照组，梭状回缩小了18%左右。

梭状回

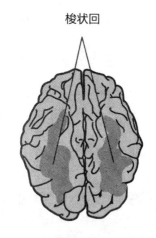

图3-8 脑部横截面的梭状回图

视觉皮质，顾名思义是与视觉相关的大脑部位。从眼球接收的外部信息首先在视网膜被处理成视觉神经信号，经视觉神经传输到大脑，接收相关视觉信号的部位就是视觉皮质。初级视觉皮质最先接收并处理信息。此后，除了倾斜、线段等简单信息外的其他信息将被传导至中级视觉皮质。处理后的信息再次传导至高级视觉皮质。从成像结果来看，初级视觉皮质的容量减少较为显著。

青春期前，也就是11岁前曾遭受性不当对待的学生的视觉皮质萎缩情况明显。被害时间持续得越长，初级视觉皮质的萎缩范围越大。

英国神经细胞学者劳伦斯·凯利的研究表明，初级视觉皮质的神经元突触（一个神经元的冲动传到另一个神经元或传到效应细胞间的相互接触的结构）密度在人出生后8个月达到顶峰，此后密度逐渐减小，在11岁左右降到成年人水平。由此可知，初级视觉皮质发育完成是在11岁左右。

这一研究结果与11岁前遭受性不当对待对初级视觉皮质影响更大这一研究结果是吻合的。如果在青春期前这一脑部发育的重要时期遭受严重的精神创伤，初级视觉皮质就会出现问题。

那么，视觉皮质的容量减少意味着什么呢？

视觉皮质不仅能让人看到眼前事物，而且与影像记忆的形成密切相关。也就是说，视觉皮质的萎缩很可能导致视觉性记忆的容量减少。

根据荷兰神经细胞学者汉斯·斯帕等的最新研究结果来看，初级视觉皮质关系到"工作记忆"的能力。"工作记忆"是前额叶皮质发达的人类或类人猿才具有的特殊能力，即将外部接收的信息转换成随时可处理的状态并短期储存在脑部。

人类正因为有了工作记忆能力，才可以回想起过去的记忆，并将现在与过去的信息进行对照、思考，但是工作记忆的容量不是无限的。遭受性不当对待的人群或许是通过减少记忆容量来避免保存与痛苦相伴的记忆。

研究中我们也对研究组和对照组进行了视觉记忆检测。结果显示，初级视觉皮质容量越小，视觉记忆能力越差。

此外，虽然研究对象均习惯用右手，但左脑视觉皮质受影响的程度更为明显。这意味着什么呢?

习惯用右手的人，其右脑视觉皮质主要捕捉事物的整体印象，左脑视觉皮质主要记忆细节信息。左脑视觉皮质萎缩，就意味着当事人的脑为了刻意忽视不堪记忆的细节，下意识进行了适应性改变。

此外，视觉皮质还处理与视觉相关的情感内容，一回想起不好的记忆，相关神经就会激活。推测来看，受害者为了避免不断回忆起痛苦的记忆，适应性地减少了视觉皮质的容量。

遭受不当对待年龄不同，脑的受伤部位不同

与脑部相关的一个重要知识是年龄与发育的关联性问题。

人类的脑部从出生前开始到青春期，有的到成年期，会随着时间的推移逐渐发育成熟。每个部分的发育节奏并不一致，各个部分有自己的发育敏感期。在这个

时期，脑部如果受到压力，会发生较大损伤。

例如，受性不当对待的影响，除了前面所说的视觉皮质外，海马、连接左右脑的胼胝体、前额叶皮质等都会发生一定萎缩。

通过图3-9（纵轴是不同部位的容量变化，横轴是遭受性不当对待的年龄）可以看出，遭受不当对待的年龄不同，脑部受影响的部位也不同。

①掌管记忆和感情的海马，发育敏感期为3～5岁。

②连接左右脑的胼胝体，发育敏感期为9～10岁。

③与思考和行动相关的前额叶皮质，发育敏感期为14～16岁。

接下来，结合不同部位发育敏感期，我们再次对其他的不当对待造成的影响进行验证。

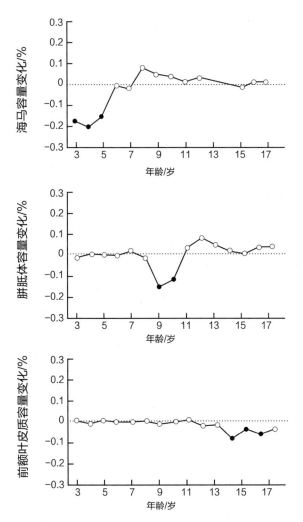

图3-9　遭受不当对待的年龄与脑部受影响的部位关系

语言暴力导致听觉皮质肥大

遭受父母恶语相向的孩子可能会出现过度不安、畏缩、哭喊等情绪障碍，发生抑郁、拒绝外出、无法适应学校生活等问题。那么此时脑部发生了什么变化呢？

我们将18岁前持续遭受语言不当对待的人和没有此经历的人形成对照，通过MRI观测两组脑部的情况。

与体罚相关研究一样，在美国，我们找到了1 500名年龄在18～25岁的男女进行问询（问询内容见下一页），将他们在18岁前遭受不当对待的程度进行数据化，然后根据结果从中挑选出仅遭受过语言不当对待而没有遭受过身体或性不当对待的21人为研究组，并抽取从未遭受任何不当对待、没有精神问题的19人作为对照组。

你在孩童时期（18岁前）曾经（从未有过/2年1次/1年1次/1年2～3次/每月/每周/每周2～3次/每天）经历过以下来自母亲/父亲的对待吗？

❶ 批评过你吗？

❷ 大声呵斥过你吗？

❸ 辱骂过你吗？

❹ 责备过你的行为吗？

❺ 贬低过你吗？

❻ 威胁过要伤害你吗？

❼ 说过让你难受的话语吗？

❽ 说过你是笨蛋，行为幼稚吗？

❾ 因为你没有做过的事情责备过你吗？

❿ 在人前贬低你或让你感到耻辱吗？

⓫ 没有理由地、歇斯底里地指责过你吗？

⓬ 有说过你是个无能、没有价值的人吗？

⓭ 有让你觉得自己是个无能、没有价值的人吗？

⓮ 有对你大喊大叫吗？

调查显示，曾遭受过语言不当对待的研究对象相较于对照组，颞叶听觉皮质中位于左脑的颞上回灰白质容量增加了14.1%（图3-10、图3-11）。

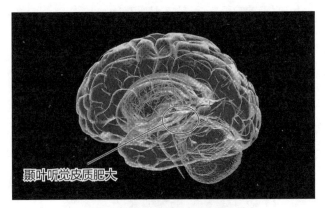

图3-10　语言不当对待对脑部的影响

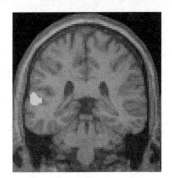

图3-11　颞上回灰白质容量增加图

注：白色部分为左脑颞上回灰白质容量增加的部分。

联系第77页问题的回答及调查结果，语言暴力对孩子脑容量的影响有以下两个方面：

①来自父母双亲的语言暴力的影响要大于仅其中一方带来的影响。

②来自母亲的语言暴力的影响要大于父亲的影响。

也就是说，2个人的语言暴力比1个人的语言暴力影响要大，与孩子接触时间更长的母亲对孩子脑容量的影响比父亲的影响要大。

而且语言暴力的程度以及频次越高，对脑部产生的影响越大。

听觉皮质与语言相关，我们依靠听觉皮质理解他人的语言，进行对话，可以说这个部分是进行对话交流的关键所在。

那么为什么这个部分会因为语言不当对待而容量增加呢？其实这与脑部的发育过程有关系。

　　如前文所说，负责传导兴奋信号的神经突触急剧增长发生在婴幼儿期，数量为成年人的1.5倍左右。此后，随着新陈代谢逐渐旺盛，能量出现过剩，脑部会像裁剪过度茂盛的枝丫一样，通过削减多余的神经突触，使神经传导更加高效。

　　在这一重要成长期如果持续遭受语言暴力，神经突触的削减工作就无法正常进行，过度生长的神经突触像无人打理的杂木一样，容量就增加了。4～12岁时遭受的语言不当对待会对听觉皮质造成最显著的影响。这一时期与神经突触的削减期是重合的。

　　脑部的初期发育阶段是由基因决定的，此后的发育过程受基因和外界环境的双重影响，并且基因和环境会相互作用。如果身处于会阻碍脑部正常发育的环境中，脑部必定会受到影响。只有削减过多的神经突触，使剩下的神经突触健康发育，才能使脑部的信息正常、高效传导。

　　那么，神经突触的杂乱生长意味着什么呢？意味着会导致听取他人的语言信息和进行对话时，对脑部造成过多的负担，进而导致心因性耳聋，引发情绪问题，甚至恐惧与人正常交往。

目睹家庭暴力而导致视觉皮质萎缩

不知大家是否目睹过父母的激烈争吵，或者作为父母，在孩子面前与另一半发生过争吵呢？

在进行相关脑研究前，人们就发现频繁目睹父母家庭暴力的儿童容易出现各种各样的精神创伤反应，其智力和语言理解能力也会受到影响。

在以哈佛大学女学生为对象开展的研究中，我们将幼时目睹过父母争吵的学生与没有此经历的学生进行了对照实验，分别检测两组的智商（IQ）和记忆能力，结果发现目睹过父母争吵的学生，IQ和记忆能力相对较低。

后来，在美国，我们又将18～25岁的男女作为研究对象，选取在幼时长期目睹父母家庭暴力（每年4次及

以上）的22人（研究组）与从未有过相关经历的30人

（对照组）形成对照，比较研究其大脑皮质容量。结果

显示，目睹过父母家庭暴力的研究对象相较于对照组，

其视觉皮质的容量平均减少了6.1%左右（图3-12、图

3-13）。

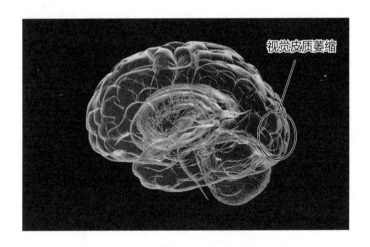

图3-12　目睹家庭暴力对脑部产生的影响

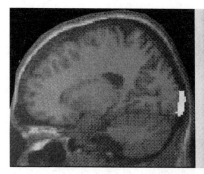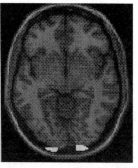

图3-13　视觉皮质萎缩范围图

注：白色为部分视觉皮质萎缩。

　　此外，视觉皮质的血流量增加了8.1%左右，这是该部位过度敏感、过度活跃的表现。特别是在11～13岁目睹过家庭暴力的人，其视觉皮质受到的影响最为明显。

　　此外，令人震惊的是，目睹父母语言暴力对脑部造成的伤害要比目睹父母身体暴力造成的伤害更大。

　　就视觉皮质的组成部分之一"舌回"来说，儿时目睹身体暴力的人舌回大约缩小了3%，目睹语言暴力的人舌回缩小了20%左右，目睹语言暴力的影响几乎是目睹身体暴力的6～7倍。

其他调查也表明了目睹家庭暴力造成的深重影响。

在此前提到的美国马萨诸塞州麦克林医院的马丁·泰切尔博士在身体、心理虐待与精神创伤反应间的关联性研究中发现，目睹家庭暴力且自身遭受语言虐待的经历会造成最严重的解离性症状等精神创伤反应。

也就是说，比起仅遭受身体不当对待或仅遭受语言暴力的人，目睹父母家庭暴力且自身遭受语言暴力伤害的人受到的精神创伤最为严重。

从奖励游戏中看依恋障碍的危害

我们将有依恋障碍的21名儿童与没有依恋障碍的22名儿童形成对照，研究其脑容量差别。结果发现有依恋障碍的儿童，其左脑初级视觉皮质的容量减少了20.6%左右（图3-14）。

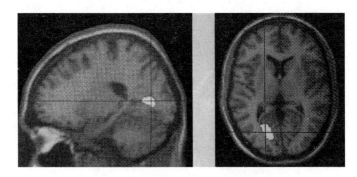

图3-14　左脑初级视觉皮质容量减少图

注：白色为左脑视觉皮质减少的部分。

　　这与依恋障碍导致的过度不安、恐惧、不良的身心症状以及抑郁等表现密切相关。

　　此外，近年来的研究表明，有依恋障碍的儿童对"奖赏机制"的反应很弱。所谓奖赏机制是指当人的需求得到满足或即将得到满足时，脑内趋于活跃，产生喜悦、快乐情绪的机制。这一机制与脑内的纹状体（图3-15）有关。如果纹状体活跃度低，那么即使得到奖励，脑部也不会兴奋，人就不会感受到喜悦和快乐。

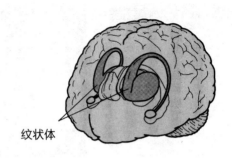

纹状体

图3-15　纹状体结构图

我们将有依恋障碍的儿童、多动症儿童与普通儿童进行三组对照，开展金钱奖励实验（即儿童可获得零花钱），通过功能性磁共振成像（fMRI）检测脑部反应。

所谓fMRI，就是在MRI设备中进行各种问题研究，定位出与不同问题相关的脑部活跃区域。比如，在MRI设备中，让研究对象看到视频中出现的点，就用手指按下按钮。fMRI可以测定出当手指按下按钮时，脑的哪个部位处于活跃中，将相关内容可视化。

本次研究中，我们进行的游戏为猜卡片游戏，将猜对卡片能获得的零花钱额度进行三种区分。具体为：

①猜对了会获得很多零花钱（高额奖励问题）。

②猜对了会获得部分零花钱（低额奖励问题）。

③猜对了不会获得零花钱（无奖励问题）。

从结果来看，无论是否有奖励，不论奖励金额是多少，普通儿童在游戏时脑部一直处于活跃状态。也就是说，不论条件如何，普通儿童都较易保持参与动力。

另一方面，多动症儿童在获得高额奖励时脑部活跃，然而在获得低额奖励时脑部没有反应。给其服用治疗药物或进行治疗后，获得低额奖励时脑部也出现了活跃反应。

然而，未经过治疗的有依恋障碍的儿童不论在哪个游戏中都未出现脑部活跃反应（图3-16）。可见，依恋障碍儿童的脑部反应迟缓。这是由于与奖励系统相关的纹状体功能受损。

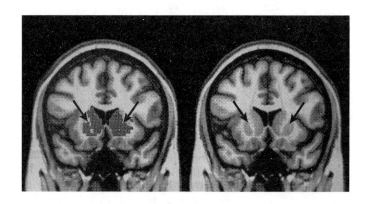

图3-16　有依恋障碍的儿童在游戏中的脑活跃度

注：箭头所指的部分是研究中纹状体的状态。与普通儿童的纹状
　　体相比，患有依恋障碍的儿童的脑活跃度较低。

纹状体难以活跃就意味着人们难以从小事上获得快乐，容易导致在追求刺激和快感时使用药物，甚至形成依赖。研究表明，有依恋障碍的儿童容易较早出现药物或酒精依赖问题。

图3-17为依恋障碍儿童的脑部解析图。可见，在1岁左右的发育敏感期遭受不当对待，对纹状体的活性可造成非常大的影响。

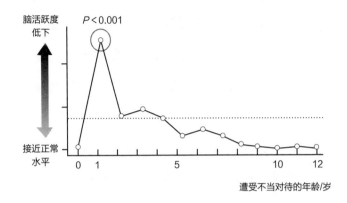

图3-17　依恋障碍儿童的脑部解析图

　　患有依恋障碍的儿童，自我认同感非常弱，被责备时会出现僵化反应，表扬的话语也听不进去。为了让弱化的奖励机制重新活跃起来，需要对其进行比正常孩子更多的表扬教育。

脑适应不当对待发生的变化

　　此前我们已就不当对待给脑部带来的影响进行了阐

述，但是脑部未知领域仍然很多，还有很多现代科学没有探明的部分，脑部还有很多值得研究的问题和方向。

特别是尚在发育期的儿童的脑部潜藏着许多可能性。儿童在每天的生活中，脑部通过各种各样的经历来进行学习，如与家人或周围人进行亲密接触，逐渐发育成熟。然而，如果在这一关键时期遭受巨大压力，持续感到孤独、悲伤、恐惧，那么脑部发育会发生变化。

特别是如果儿童从最亲密、最值得依赖的父母或抚养者身上持续遭受过度压力，脑部为了应对这种痛苦，会发生变化。

不当对待对儿童来说就是压力。即使是成年人，压力也会对脑部造成巨大影响，甚至成为导火索，引起身心疾病。尚在发育期的儿童，其脑部遭受的影响就更大了。

如果遭受过多种不当对待，那么脑部所受的伤害也会更加复杂，造成的影响也更加严重。

遭受某一种不当对待会对大脑的视觉皮质、听觉皮质等感知皮质造成损伤。此外有关研究也发现，遭受过多种不当对待的儿童，脑部海马、杏仁核等会受到极度严重的影响。

不当对待的有无造成的脑部差异

马丁·泰切尔博士在实验中研究了脑部102个部位的构造性连接，将遭受过不当对待的人与没有遭受过不当对待的人相比，发现遭受过不当对待的人的脑部的神经构造有明显不同。这可能与幼时遭受的不当对待改变了神经回路的整体构造有关。

比如，大脑顶叶内部靠后的位置有一个部分叫作楔前叶（图3-18），与躯体感受（愤怒、不安等情绪产生的躯体反应）密切相关。遭受过不当对待的人，其楔前叶延伸出的神经网络比普通人要密集，即从危险中对机体起到保护作用的神经网络出现了过度发育。

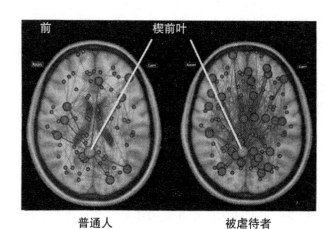

图3-18　楔前叶延伸出的神经网络

　　此外，与疼痛、难过、恐惧等经历相关，与摄取食物、药物等冲动相关的岛叶皮质（图3-19），其延伸出的神经网络也较正常人显著增加。

　　另一方面，遭受过不当对待的人与没有遭受不当对待的人相比，其与决断、共情等情感控制相关的前扣带回皮质的神经回路（图3-20）要稀疏得多。

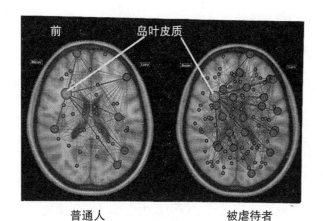

图3-19　岛叶皮质延伸出的神经网络

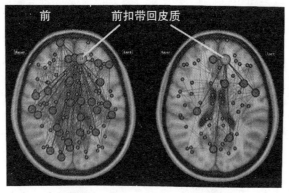

图3-20　前扣带回皮质的神经回路

视觉、听觉、触觉……我们的身体能通过这些感觉敏感地感知外界刺激，产生与之相对应的身体感觉。如果孩童时期，成长环境中充斥着危险和不安，得不到周围人的帮助，会产生什么问题呢？尤其当这种危险和不安来自于孩子最依赖的父母和抚养者时，又会造成怎样的后果呢？孩子就只能依靠自己来应对这些危险与不安。其脑部为了进行适应而发生变形、出现变化。这从生物学角度来看是非常合理的。

比如遭受严重的不当对待后，负责调控恐惧情绪的杏仁核会过度活跃，这是人们为了时常保持对危险的警戒而产生的防御本能。

此外，遭受过不当对待的人，通常来说性行为会出现较早。这是为了在充满危险的世界生存下去，激发了想要留存后代的生物本能。

图3-21中将不同的不当对待对脑不同部位造成的损伤进行了归纳、整理。

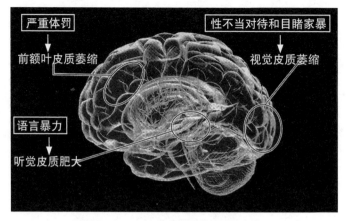

图3-21　不当对待对脑造成的损伤

　　遭受了不当对待的儿童会激发人类处于危险中的生存本能，改变脑部构造。这一事实令人震惊。

　　然而，即使脑部发生了这些变化，有的人也不会表现出症状。由于人们的性情、能力、敏感度、抗压能力等存在个体差异，在同样的情况下，即使心理发育没有出现严重问题，也会有人无法适应社会性生活。

　　比如，我们前面提到的研究中，研究对象都是那些经历过不当对待但仍然能够在普通社会中过着正常生活

95

的18～25岁的年轻人。至少在研究阶段，他们并不存在心理问题或障碍，也并未诊断出抑郁症或应激障碍。可以说他们对社会适应良好。

但是经过调查我们发现，表面看来毫无问题的人，其脑部也有可能存在着精神创伤的痕迹。即使他们现在没有任何疾病、烦恼，过着正常的生活，但是万一行差踏错，就有可能陷入重度症状之中。

下一章笔者将通过一些具体案例来阐述修复脑损伤的治疗方法、恢复案例以及最新的研究成果。

第四章

相信儿童脑部的自我修复能力

脑部损伤是无法治愈的吗

脑部有一个快速成长阶段，称为发育敏感期。在此期间遭受不当对待，脑部会出现适应性变化，导致相关部位和区域发生变形，功能也发生变化。

作为一名研究人员，起初并未料到不当对待的性质不同，对脑部造成伤害的部位也会不同。语言暴力，特别是夫妻间的吵架和威吓这种并非直接针对儿童的语言暴力，也会对儿童的脑部造成伤害。想必大家对此也感到很惊讶。

可以说精神性创伤经历及其带来的压力会"改写"儿童的脑部组织，导致儿童出现心理疾病或各种反社会行为，甚至持续终身。

那么，已经变形了的脑部就无法修复了吗？因变形受损的脑部功能就不能复原了吗？

不是的。近年来的脑科学研究表明，脑部损伤是可以治愈的。

此前，人们普遍认为脑细胞与皮肤、消化器官等的细胞不同，一旦损伤便无法修复。但近年来的研究表明，成年人脑细胞也可能具有再生和修复的能力。

最先证明这一点的是荷兰的脑科学家弗洛里斯·兰歌。其2008年的研究报告显示，对患有慢性疲劳综合征（该疾病与精神创伤有密切关联）的成年人，采用认知行为疗法，仅仅9个月后此前一直处于萎缩状态的大脑边缘的前扣带回皮质的容量就显著恢复。

所以对于幼时有精神创伤的人，使用认知行为疗法或药物疗法进行治疗是切实有效的。

荷兰的精神科医生凯瑟琳·托马等人经研究证实，接受相关治疗的人，其杏仁核的过度活跃可以得到缓解，背侧部的前扣带回皮质、背外侧的前额叶皮质、海马等的功能可再次活跃。

此外，美国精神科医生道格拉斯·布勒姆纳的研究表明，药物治疗后，创伤后应激障碍（PTSD）患者的海马容量相较于治疗前明显增加。

综上所述，即便是脑部基本停止生长的成年人，其脑部也可能有治愈的希望，更何况是仍处于发育中的儿童！只要接受了恰当治疗，恢复的可能性是相当大的。在脑部发育敏感期，虽然容易受到伤害，但同样，其韧性也非常强。

此外，从婴幼儿期到青春期，虽然脑部大都已发育完成，但之后也并非完全不再生长。近期有研究表明，脑部有的部位会缓慢生长至20岁。

虽然成年后的脑部不像幼儿期那么有韧性，但只要坚持不懈地花时间努力治疗，也是有可能修复的。

早期治疗很重要。特别是对于儿童来说，早期治疗更重要。能早一天接受正确治疗，脑部和心灵恢复的速度也会不一样。

这里，我们借用第二章曾经提到的9个月大的婴儿A的例子来说明。她因长期遭受来自外祖母的语言不当对待，出现了疑似自闭症的症状。

刚到诊所时，跟A打招呼，她没有表情，没有反应，甚至还出现了生长退化的迹象。但是我们将A带离其外祖母身边，由医生、保健师和临床心理医生等进行治疗和照料，仅仅3周后A的脸上又重现了笑容。原本像戴了张无表情面具的A有了笑容，展现出了小孩子应有的笑脸。那一瞬间，所有医护人员的喜悦和安心难以言喻。

A又恢复到了可以靠自己坐起的状态。保健师跟她搭话，问她要不要喝水，她也能够点头应答了。

孩子的精神创伤是很难简简单单就看得见、摸得着的，很容易被忽视。孩子确实像成年人想的一样，心灵和脑部脆弱、易受伤，但与此同时，就像A一样，经过早期正确的治疗，脑部和心灵可以得到肉眼可见的恢复。

药物疗法与心理疗法

接下来笔者将具体介绍治疗和照料的方法。

治疗因不当对待而受到伤害的儿童，第一原则是确保其处于能让儿童安心的安全环境下。

如果没有符合条件的环境，不论采取何种治疗措施，都无法充分发挥效果。此外，并不是将持续遭受不当对待的孩子简单地带离父母身边就可以了。有时需根据需要，在儿童保护机构中营造出一个适合儿童安心、安全生活的环境。

这里介绍一个研究人员都熟知的小鼠实验。小鼠出生后将其带离母鼠身边，其应对压力的能力会减弱；此后再将它放回稳定的成长环境中，其抗压能力又得到恢复。

人类也是一样。对儿童的发育来说，尽可能及早地将其从不当对待的环境中解救出来，营造适合成长的环境是非常重要的。

环境合适后就要进入治疗阶段。由于不当对待不仅会给脑这一器官造成器质性伤害，同时也会对心灵这一精神层面造成影响，所以关键要从这两个方面着手进行治疗。具体来讲，要针对相应症状，通过药物疗法和心理疗法开展治疗。

药物疗法对于疾病慢性期的治疗是很有效的，在早期治疗、早期支援阶段使用，也是有效果的。特别是在治疗的初期阶段，为使儿童或成年人等治疗对象能够恢复稳定的安全状态，需要采取紧急措施时，会在医生指导下积极地开展药物治疗。

这里简单地介绍可使用的药物。比如，有精神创伤的儿童，通常会伴有睡眠障碍和专注力差，容易因为一点小事就焦躁不安，并且易受刺激。这种情况可以在医生指导下使用抗焦虑药物或抗精神病药物。

伴有抑郁症状时，可以使用抗抑郁药物5-羟色胺再摄取抑制剂。抗抑郁药物的使用原则是要在医生指导下根据儿童的体重慎重、适量使用。

可以在医生指导下使用具有镇静作用的苯二氮䓬类抗焦虑药物，儿童的用量要控制在成人用量的四分之一到二分之一。治疗不能仅仅依靠药物，还需要配套开展心理治疗。

在患者陷入激动或惊恐情绪时，可以在医生指导下少量使用一些非典型抗精神病药物。

不论使用何种药物，在治疗儿童患者时都要配合开展心理疗法，这样可以使治疗事半功倍。

心理疗法大致分为精神创伤心理疗法和依恋关系心理疗法两种，都要在医生指导下，由具有专业临床心理学知识的专业人员开展。

有关依恋关系心理疗法的内容将在第五章进行详细阐述，这里主要介绍精神创伤心理疗法。

支撑儿童心灵的支持性心理治疗

很多持续遭受过度不当对待的儿童都有严重的精神创伤，所以心理治疗的目的首先是要消除这种精神创伤。

具体来说有以下这些阶段和重点工作：

①稳定患者情绪。

②消除精神创伤性记忆以及与之相关的情感反应这一负面连锁反应。

③引导患者客观地重新看待造成精神创伤的经历。

④构建安全、良好的社会关系和人际关系。

⑤积蓄恢复性情绪经历（增加可促使心理状态稳定的经历）。

下面介绍具体的治疗方法。

有精神创伤的儿童经常表现出的一个症状就是恐慌。在日常生活中，他们会突然感到害怕和不安，会哭闹，会乱扔东西。

如果有强烈的精神创伤，在本人都无法控制的情况下，相关记忆会突然闪现，这种现象叫作闪回（图4-1）。闪回可能会成为导火索，使患者陷入恐慌状态。由于恐慌症状是突然出现的，周围人无法预料，所以表现得像是病症突然发作一样。

图4-1 引起闪回的精神创伤记忆

对孩子来说，濒死的经历以及被父母持续忽视的经历都是尽可能不想去直接面对的记忆。人都有隐藏或否认记忆的本能，这至少可以带来短暂的安心感。

但是儿童还没有办法将过去的一些事情一丝不漏地、完好地封存在心里，有的儿童即使摆脱了不当对待的伤害，在别的环境下过着平静的生活，但在某一瞬间，压制在心里的记忆会被突然唤醒。勉强封存起来的记忆一下子爆发出来，其破坏力是巨大的。此时，恐慌就会具象成一些行为。

有精神创伤的儿童自知自己存在异常，或者容易在与周围人的比较中感到自身的奇怪和不同之处。虽然这些孩子都是受害的一方，但由于他们极度缺乏自我认同，反而容易有自责的倾向。

有的儿童会通过故意拒绝周围人的帮助来寻找自己存在的理由。这些情绪和想法本身就不应该是健康成长的儿童该有的。

这时候就更需要援助者来不断对儿童进行鼓励。

首先要从建立坚实的信赖关系开始。要向儿童传递"你对我来说非常重要，我会很耐心地听你讲话"

这种信息，从而增加与儿童面对面沟通交流的机会。

为了对儿童做出具体的评判，要对其本人的特性、造成其发育障碍的因素等进行细致的调查。

在家庭环境方面，不仅要搞清楚儿童的家庭构成，还要弄清楚他们是住在怎样的房子里，是否与祖父母或亲戚一同居住，家庭的氛围、习惯以及文化氛围等。这些信息要在与儿童的交流中慢慢获取，同时慢慢了解儿童在家里、学校以及与其他人进行交往时曾有怎样的经历。

然后慢慢等待儿童主动倾诉自己的痛苦、悲伤的经历。如果儿童开始倾诉，一定要告诉他（她）："你并没有做错，不是你的错，不要一味地责备自己。"以此不断地重复，直到儿童听进去为止。同时通过自己的态度切实传达出对其的保护和支持。

逐渐让儿童的心灵柔软下来，让他们明白自己并没有做错（通过心理教育消除他们的认知扭曲），慢慢地促成其实现精神上的独立，这就是支持性心理治疗。

梳理记忆和感情，给儿童重新赋予意义的暴露疗法

如前文所述，引发恐慌的原因之一是儿童没能在心里完全梳理好过去的经历。在这种情况下，首先要让他们主动倾诉过去遭受过的不当对待的经历，倾吐心灵创伤的成因可以让伤痕更容易痊愈。

但让儿童详细地倾吐过去的痛苦经历并不是一件容易的事情。要让儿童倾诉想要忘却的记忆，需要周围的援助者给予相当的耐心。

即使儿童最初保持沉默，但是最终都会开始吐露和倾诉。这时就要注意不要去打断他们的话，要耐心倾听；不要刻意地想着要问出什么信息，不然会使好不容易建立起来的信赖关系瓦解。

这里需要注意的是，要让儿童自己讲述和梳理回忆。援助者只需要在孩子身边陪伴着，对他们的努力表示肯定、认同和鼓励，将自己当作是儿童通过自身努力

解决问题的一个"契机"。儿童要靠自己的语言来描述遭受不当对待时留下的记忆，靠自己去梳理。

接下来就进入儿童该如何阐释过去这些不当对待经历的阶段。要告诉他们，过去已经发生的痛苦经历已成事实，无法消除，但是看待这段经历的角度不是定向的。

儿童在明白只要思考角度不同，就可以从各种不同的层面去看待过去的经历之后，就会客观地或者说积极地去重新看待过去的经历，去理解自己到底经历了什么，去理解原来自己并没有做错任何事。这才是通过心理疗法治愈精神创伤的最终目标。

这里介绍一个例子。9岁的B开始讲述持续遭受母亲严重体罚的经历。

对于频繁遭受母亲体罚的B，最初讲述这段经历时他时常会说是因为自己做了错事，母亲为了自己好才会动手的。只有这样想才能使他可以勉强消除被最爱的母亲体罚带来的悲伤和冲击。

　　然而正因为这种自我压抑的想法，即使B被带离母亲身边来到了保护中心生活，也仍然会陷入恐慌，或者与朋友争吵、打架。

　　面对终于愿意吐露痛苦经历的B，援助者通过语言辅助，引导他客观地回忆和看待自己遭受的不当对待。比如援助者会对B说"但是你已经很棒了，这真的是你的错吗？""其实说不定，你的妈妈也钻了牛角尖，也很痛苦"。

　　通过持续的交流，B的身上终于发生了变化，陷入恐慌的次数减少，也不再与朋友争吵、打架。也许B的精神创伤记忆已经通过其他形式进行重新记录，记忆虽然依然存在，但已经不再伴随过去那种恐惧和悲伤的情绪了。

　　日本山梨县立大学临床心理学专家西泽哲认为这种记忆的变化是"改变经历的意义"。

　　像这样重新梳理精神创伤相关的记忆和感情，用更加积极正面的形式去重塑记忆的治疗方法叫作暴露疗法。儿童在医疗人员的帮助下，回忆过去的痛苦经历，重新对其进行定义，培养自信心。

如何看待过去，不仅对于儿童来说，对于所有人来说，都是关系到今后如何生存下去的重要问题。援助者们需要耐心地开展工作，直到儿童靠自己的力量自发地意识到这一点为止。

克服精神创伤的游戏疗法

奥地利精神科医学家西格蒙德·弗洛伊德（1856—1939）发明的"去-来游戏（fort-da）"，能够通过玩耍了解儿童心理变化。这是弗洛伊德通过观察自己的小外孙在其母亲不在身边时独自玩耍的状况而研究出来的。

小外孙拿着毛线团，喊着"fort"把线团扔远，再喊着"da"把线团拽回来，一直重复着这个游戏。弗洛伊德分析道，孩子将线团当作了母亲，将母亲不在身边这一被动接受的事实转换成一种主动游戏。通过将线团扔远表现出是主动将母亲推开，再把线团拽回来，不断感受再次见到母亲的喜悦。

就像这样，还无法自由用语言表达感受的婴幼儿可以将难过的感受通过游戏中的象征性行为表达出来。游戏是为了展现精神创伤或痛苦，并将其排解出去、消散开来的有效手段。

有的儿童难以通过语言进行沟通，不仅是指那些还没能完全掌握语言表达能力的小孩子，也包括那些因遭受不当对待而被带离父母身边、长期在保护中心等机构生活、不愿与周围人打成一片、不愿开口交流的孩子。针对这些情况，很多案例都表明使用游戏疗法是切实有效的。

创伤后游戏疗法就是其中之一。这一游戏疗法对消除儿童精神创伤格外有效。针对遭受严重不当对待的儿童，诊疗专家（有丰富专业经验的临床心理医生）借由人偶或毛绒玩具与儿童对话，或者通过玩过家家等方式，在玩耍中再现儿童的精神创伤经历，然后引导儿童将精神创伤经历通过绘画或者其他游戏再现出来。通过这种方式让其逐渐释放心中因遭受不当对待而积压的激烈情绪。

这里所说的游戏并不仅仅指使用玩具进行的游戏。比如，如果儿童一直盯着窗户附近的小虫子，就可以陪其一同观察。形式不重要，重要的是跟儿童一起观察同一个事物，也就是使双方有共同的注意点。

通过游戏逐渐积累与儿童的共同经历，这是接续治疗的关键一步。

有些游戏疗法会使用到绘画或沙盘。沙盘疗法不仅对儿童有效，也被广泛应用到成年人的精神创伤治疗之中。所谓沙盘疗法，就是在一个装有沙子的大箱子里放置许多迷你玩具，让患者自由使用、自由表达。

使用沙盘疗法时，临床心理医生不仅要观察儿童最终摆放出的成品，也要仔细观察儿童摆放的过程，解析其代表的含义。

儿童利用沙盘创造一个小世界的过程是一个逐渐理解自己身处的环境，了解自己过去遭受的不当对待的经历以及那些难以用语言表达的事情的过程（图4-2）。沙盘世界映射了制作者的内心世界，对其进行观察分析有助于更加深刻地理解儿童。此外，利用沙盘进行的表达是自由的，儿童在参与过程中，也有助于激发其自身的自愈能力。

图4-2　儿童接受沙盘疗法

有精神创伤的儿童制作出的沙盘世界各有不同。有的儿童会将动物玩具横躺放置，仿佛动物已经死去；有的儿童会将房子倒置；有的儿童会拽下一名象征着家人的人偶的胳膊。

尤其需要关注的是过程中那些无法用语言表达的感觉和意象的表现方式。同时，对于整体作品、沙盘空间的使用方法、物品的摆放等儿童想要表达的内容，临床心理医生不能持否定和怀疑态度，保持全盘理解和接受的态度是很重要的。治疗中，陪伴在儿童身边，共同参与也非常重要。

如果游戏中，孩子出现故意将玩具扔到墙上或摔到地上，或者扯断昆虫的腿等，这些平常游戏中不会出现的带有暴力性质的行为，其实是儿童将自身遭受的不当对待再现的一种方式。如果援助者去阻止孩子的这些行为，会造成反效果。这时只要静静地在旁边观察就可以了。

研究人员在近年来的临床治疗中发现，游戏不仅在儿童身上有治疗效果，对于成年人也同样适用。

治疗精神创伤的新疗法

在治疗儿童精神创伤方面，聚焦创伤的认知行为疗法（TF-CBT）和眼动身心重建疗法（EMDR）是有效的。

TF-CBT中将与不当对待成因无直接关联的照料者也作为治疗对象，并将儿童与父母的治疗统筹进行。运用认知疗法和松弛疗法引导患者面对过去的经历，缓解患者的不安情绪，这叫作缓慢暴露法，通常治疗期为8～16周。

美国已有许多专业论文论证了此种心理疗法的有效性，近年来作为一种最直接有效的治疗方式备受关注。

然而这种治疗方式需要由接受过专业训练的临床专

家进行，而且专家需定期进修，所以真正能够在临床治疗中熟练运用的专家很少，并非任何一个心理诊所的医生都可以做到。

EMDR是1989年出现的精神创伤治疗方式之一，是美国心理学家弗朗辛·夏皮罗开发的。其不仅对儿童有效，也被广泛应用在一般患者的治疗中。这一疗法大致分为八个阶段，其中最具特色的内容如下：

首先，治疗医生会在儿童或成年人眼前左右摆动手指，患者的眼球随着手指动作而转动（图4-3）。渐渐地，脑部会接近快速眼动睡眠状态。所谓快速眼动睡眠状态，简单来说是指浅睡眠状态。为了帮助患者梳理过去的记忆，可让患者处于浅睡眠状态下，有助于唤起过去遭受不当对待的痛苦回忆。

人类的心灵有一个特质，即使再痛苦的回忆也可以冷静地进行回想，但是这通常需要花费几年时间。

EMDR可以将这个需要花费多年的修复在短时间内得以实现，这是一项重要的突破。在处于快速眼动睡

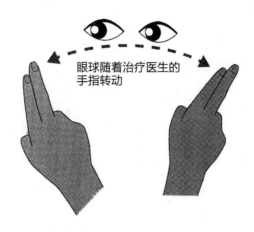

图4-3　EMDR示意图

眠状态下，患者会将仍然历历在目、非常鲜明的记忆或情感进行还原，并错以为这些记忆早已久远，然后引导患者通过语言进行表达和梳理，将痛苦经历置换成普通记忆。

这与暴露疗法等通过语言详细描述痛苦经历的治疗方式相比，患者压力较小。世界卫生组织已将EMDR认证为患者负担最小的治疗方式，进行积极推广。然而，年龄过小的孩子由于无法用语言描述痛苦经历，所以该疗法是否有效尚未得到证实。

这里再介绍一种特别针对儿童的治疗方法——蝴蝶拍。该方法将儿童的意识集中到遭受不当对待的痛苦记忆上，让儿童双手交叉放置胸前，每隔20秒以自己喜欢的节奏轻拍肩膀。因为双手交叉的动作类似蝴蝶，所以取名蝴蝶拍。

蝴蝶拍结束之后进行深呼吸，患者告诉治疗医生自己的感受发生了怎样的变化。这种治疗非常简单，也有一定效果，只要花费时间坚持下去，儿童就可以逐渐用更加平稳的心态回顾过去的经历。

通过上述内容，想必大家已经了解到治疗精神创伤的心理疗法其实有很多。

针对持续遭受不当对待的儿童的治疗，认知疗法是最关键的。在专家的帮助下，儿童自己对痛苦经历伴生的自我否定进行重新梳理，再次认识到当时的自己并没有做错，认识到自己是有价值的，逐渐产生自我认同，这在治疗中意义重大。

其实，作为医疗人员能做的并不多。但是长时间与孩子直接亲密接触的父母就不一样了，父母可以通过从客观视角观察孩子，找到孩子不为人知的优点和长处。如果你正因为孩子的心理问题而苦恼，请一定找专家进行咨询，最重要的是要及早应对。

增强恢复能力的研究

心理治疗很重要的一点是要耐心，肯花时间。上述介绍的治疗基本都需要以2～3周为一个阶段，设定阶段目标，逐渐引导儿童进行恢复。

这里再强调一点，心理疗法不是让患者忘记造成精神创伤的经历，而是为了消除精神创伤，是为了帮助患者，让他们靠自己的力量战胜精神创伤，引导他们发挥出自身具有的恢复能力和解决问题的能力。

说到恢复能力，近年来经常提到的一个词是"resilience"，是"弹力、弹性、反弹、恢复能力、重新振作的能力"等意思。媒体经常用这个词描述不会因挫败而消沉的精神。

在精神医学的范畴中使用这个词时，用于表示经历过严重的精神创伤，或者持续生活在有慢性压力的环境下或身处困境之中，仍然能够适应并进行正常生活的能力，或者能够顺利克服精神创伤的能力，通常翻译作"精神弹性"或"精神修复能力"。

事实上，经历过不当对待的儿童不一定都会不适应社会，或者罹患心理疾病，有的儿童在发育过程中依然能顺利成长，可以说这类儿童恢复能力很强。

以往的精神创伤研究专注于已经出现精神性症状或者疾病的患者，对于那些战胜了极端恶劣环境影响、适应了社会生活的人并没有过多关注。近年来，精神创伤研究对这类人群的关注逐渐增加，通过他们来研究提高恢复能力的因素。

研究发现，恢复能力强的儿童大多都拥有某种"保护因子"。英国著名教育社会学家约翰·拜纳将保护因子定义为"有助于儿童抵御不良经历的各种资源"。

保护因子分为三种：一是个人因素，比如高智商、较高的自我认同感、积极乐观的性格等；二是家庭因素，比如温暖的家庭环境、牢固的家庭关系及父母积极乐观的性格等；三是社会因素，比如宽广的社会关系网。

这些因素都保护着儿童正在发育的心灵和脑部，给教育、社会、经济等人生的不同方面都带来了好的影响。

研究和理解恢复能力强的孩子的特质，也许对于恢复能力较弱的儿童会有所裨益。我们期待着相关研究成果能够给心理疾病的治疗和预防带来帮助。

促进创伤后成长

以上介绍了很多因不当对待而致脑部受创的儿童的治疗方法。

这里再强调一点，对儿童进行了恰当的治疗并不意味着心灵的伤痕一定会完全消失。造成精神创伤的记忆会持续留存，儿童在成长的不同阶段都会对过去进行回顾，不断思考那些经历的意义。

自己曾经身处安全的环境中，在专家的帮助下重新审视了过去的记忆，这种经历对儿童来说是很有益的。只要儿童明白了如何面对精神创伤，如何战胜精神创伤，以及理解事物的视角并非只有一种，那么在之后的人生中，应对精神创伤的能力也会有所变化。虽然这很困难，但如果儿童在此基础之上还学会了如何从正面积极的角度去看待过去的经历，就能通过自己的力量建立自我认同，并不断提高。经历了严重的精神创伤之后，能够完成上述成长过程的，我们一般称为创伤后成长。

耐心地引导儿童完成创伤后成长，是专注治疗精神创伤的医生和援助者的使命。

案例学习 1

C（3岁，女孩）

目睹父母间家庭暴力

孩子目睹父亲对母亲持续的家庭暴力

　　C的母亲在怀孕期间就遭受过丈夫的家庭暴力。C出生后，父亲持续在她面前辱骂母亲。

　　在成长过程中，C一有不如意的地方，就会像父亲一样控制不住情绪发火，总是对家人恶言相向。由于C发火时的表情、语气与丈夫一模一样，C的母亲会联想到丈夫的辱骂，她感到这样下去可能会憎恨自己的孩子，甚至做出一些过激行为。在这种危机感的驱使下，C的母亲带C到医院就诊。

目睹家庭暴力的C白天频繁出现小便失禁，半夜惊醒后因害怕而大哭的问题。

而遭受丈夫家庭暴力的C的母亲在小时候也曾遭受来自父亲的过度体罚，现在她在生活中也会时常回想起幼时的黑暗经历，难以释怀。

离开父亲身边仍会记起痛苦的过往

第三章曾提到，语言暴力会对儿童的发育造成巨大影响。即使不是针对儿童的语言暴力，仅仅目睹也会促使其身体分泌压力激素，阻碍脑神经发育。此时就要尽快将被害者从不当对待的环境中解救出来，让其在安心的环境中生活。

C和母亲一同定期到医院治疗。医生通过游戏疗法对C进行心理诊疗，通过EMDR对母亲进行精神创伤治疗。总体来看，C的症状有所缓解，半夜不再因害怕而哭喊，情绪也趋于平稳。

现在C的父母分居，处于离婚调解中。因为夫妻分居，C可以不再目睹父亲对母亲的家庭暴力，但是阻碍C发育的负面因素没有完全消除。

即使已经与施暴的父亲分开，但是曾经的记忆仍然存在。为了让C真正觉得自己已经处于完全安全的环境，可以安心生活，还需要花较大力气对她进行关心、照料。

在夫妻家庭暴力问题中，只要双方分开，不在一起生活，家庭暴力行为消失后，是不是就可以让孩子与施暴方家长见面呢？

我们觉得这还为时过早。对配偶施暴的人，很有可能将这种暴力转移到孩子身上，对孩子做出不当行为。

即使施暴方没有将暴力转移到孩子身上，让孩子与其见面甚至一起生活，很可能会对孩子造成新的压力。比如导致记忆闪回出现得更加频繁，让孩子再度感到身心不安，影响脑部成长发育。

此外，让孩子与施暴方家长见面，会对受害方家长的精神状态带来不良影响，进而传导到孩子身上。这些风险都是存在的，都要考虑到。

拯救父母的必要性

　　幼时持续遭受的不当对待会给儿童处于发育重要时期的脑部造成很深的伤害，并在此后相当长的一段时间内持续影响受害者的生活。即使是现在没有出现重度症状的C，也需要长期的治疗和专业照料。

　　此外，从关心儿童父母的角度出发，将发生了不当对待的家庭的相关信息共享给社会福利机构、基础的地方公共团体的咨询中心等机构，这对抚养者的支持也是非常重要的。有的家长本身也是在不恰当的成长环境中成长起来的。

　　社会援助者在面对此类父母时，需要了解他们幼时的经历和成年后的情况，了解他们是如何不得已地从受害者转变成加害方的，去了解他们现在的心理状况。

改善家长的状态，必要的情况下对他们也加以治疗，同样关系到儿童的健康成长和发育。

案例学习2

D（10岁，男孩）

遭受到母亲的语言暴力

母亲对着孩子发泄压力

D的父亲是普通公司职员，早出晚归，休息日也经常需要加班。打零工的母亲自己承担着育儿和家务。在这种环境下，D和其弟弟E从婴幼儿开始到现在，持续遭受来自母亲的语言暴力和恶劣态度。

一家人住在公寓里，每到早上上学的时间，邻居都能听到D的母亲的怒吼声或者物品倒下或摔打的声音，邻居曾经还因此报过警。

有一天早上，D上学迟到，没能赶上第一节课。弟弟E按时到校了。兄弟二人身上都没有外伤。班主任详细问过后发现，早上D被母亲狠狠地呵斥了一顿。因为D患有过敏性鼻炎，早上鼻血滴到了地板上，而且没能及时擦干净。了解情况后，班主任劝说D的母亲带D到专业医院就诊，所以D的母亲带孩子来到了医院。

此时的D已经出现了注意缺陷多动障碍（ADHD）：难以安定下来，经常丢三落四，有很多眨眼或者摇头的小动作，会发出奇怪的声音，还出现了尿频的问题。

同时，弟弟E也经常在学校说肚子痛；上绘画课时将大海和天空涂成黑色。因而在老师的建议下，弟弟E也一同开始接受治疗。

在向母亲描述孩子的症状时，母亲持续

对孩子做出负面评价，坚称孩子就是爱撒谎，不管怎么说记性都那么差，根本不听话。经推测，母亲是将兼顾育儿与打零工产生的压力以及丈夫不顾家产生的压力都发泄到了孩子身上。

与家庭和学校合作开展治疗

　　基于前文所述症状，D被诊断为多动症、发声和多种运动联合抽动障碍（神经发育障碍病症之一，表现为长期出现摇头、眨眼等运动抽搐或吸鼻子、咳嗽等声音抽搐）。

　　我们决定不将D与家人分隔治疗，而是在普通家庭生活中进行治疗，主要治疗方式是药物治疗与沙盘疗法相结合。

　　根据诊断来看，有必要对其父母进行持

续性的面谈。通过面谈让其父母明白，孩子的痊愈需要家长的包容和接纳，需要重新构造良好的家庭关系。

在日常生活中融入治疗，不仅要让父母参与进来，也要向学校的老师提供相应的信息，告诉老师在学校如何与D相处。比如，当D出现不稳定状态时，不要指责或阻止他，而应该在其身旁默默守护。

随着治疗的开展，D的情况逐渐好转，冲动行为逐渐减少。对弟弟E主要开展绘画疗法。近来，其绘画中开始出现暖色系的花草树木。

青春期前容易出现的症状

像这个案例的母亲那样，如果积攒的压力过大，容易导致语言暴力或过度管教。

从日本厚生劳动省福祉行政报告来看，儿童遭受的不当对待行为，有50%以上来自母亲，父亲占比为35%。这个比例从1990年开始统计以来几乎没有发生变化。这是因为家庭中育儿的主要责任由母亲承担。如果父亲也积极投身到育儿中来，减少母亲的压力，那么这一比例就会发生变化，不当对待本身的发生可能也会减少。

与D年岁相仿的青春期前儿童，当其家庭环境或亲子关系出现问题时容易出现以下症状：

①身心障碍（反复性腹痛、心因性尿频、小便失禁、周期性呕吐）。

②注意力受损。

③学习困难、学习能力下降。

④冲动控制障碍、人际关系障碍（沟通能力低下）。

⑤对立违抗性障碍。

⑥霸凌（既可能是受害者也可能是加害者）。

⑦过早进入青春期。

⑧选择性缄默症。

在学校等地如果发现儿童出现了上述症状，就有必要对其家庭进行及早干预。

案例学习 3

F（14岁，男孩）

遭受父亲严重体罚

睡眠障碍导致拒绝上学

F在二年级开始出现早起困难的问题，逐渐变成"夜猫子"生活模式，导致F从二年级下学期开始拒绝上学。为了夜间能入睡，尝试过服用药店售卖的普通安眠药，但是没有效果。

F能够理解学校的教课内容，但是对学习没有兴趣。虽然不上学，也会照常去补习班，但是每周要迟到3~4次。

　　F的父亲所在的公司面临倒闭风险，本身承受着巨大的精神压力。目前F的父亲独自在外地工作，偶尔回家时，会对不上学的F说："学校都去不了，就证明你是个没用的废物。"有时还会用木刀击打F的头部和身体。

　　F除了睡眠障碍外，并无其他身体不适症状。在F向母亲告状后，家人才发现了父亲的过度体罚问题。他们在当地教育中心的建议下，来笔者所在医院接受治疗。

伤害心灵的体罚

　　治疗中，首先通过药物来治疗F的睡眠障碍问题，并进行心理咨询治疗。同时不厌其烦地向F的父母说明，孩子无法上学不是因为软弱无能，而是因为生物钟出现了严重的紊乱。

除了定期接受心理治疗外，医生也让F参加了面向厌学儿童开设的适应性指导教室。此后F的睡眠障碍得到了改善。目前F坐进教室上课比较困难，但是已经愿意上学后去保健室待着了。

此后，F的父亲所在的公司倒闭，一家人搬到了县外居住。据说搬家后，F适应了新的学校生活。

表现出的心灵扭曲

像F这样进入了青春期的孩子，其身心都在发生显著的成长变化。这一时期，如果家庭环境或亲子关系出现问题，孩子很可能出现以下症状：

①身心障碍（不定陈述综合征、直立性低血压、通气过度综合征、摄食障碍、肠易激综合征）。

②不安、抑郁。

③拒绝上学，拒绝出门。

④失眠。

⑤不良行为、家庭暴力。

⑥强迫症、有自杀意图、割腕综合征。

从上述症状可以看出，这一时期的症状表现不仅存在于内心，也会向外具象化。

虽然F身上没有明显的这些症状表现，但是这一年龄段的孩子即使已经有了一定的判断能力，也仍具有较强的行为冲动性，面对困难的忍耐力较差，容易出现不良行为或问题行为。

这些解释并不是为他们做出的不良行为找借口，只是想提醒大家，他们的行为背后可能隐藏着精神创伤的问题。当十几岁的孩子出现犯罪问题时，比起对他们严加处罚，更应对他们的精神创伤进行适当治疗，引导他们健康成长，这不仅对他们个人有益，对社会也是有益的。

G（12岁，女孩）

目睹父母间的家庭暴力，遭受性不当对待

G在4岁的时候父母离异，离异的主要原因是父亲对母亲的家庭暴力。G跟随母亲，与母亲的新伴侣一同生活。然而在G 4～9岁时，她遭受了母亲新伴侣的性不当对待。

小学五年级时，G遭受性不当对待的问题被发现。因为G无法接受由男生来负责给大家打饭，而只愿意到保健室就餐。老师发现后，G才向老师吐露了自己的经历。

G存在解离性症状，身体内分裂出以下6种人格：

"良子"：19岁，担任母亲的功能。

"爱莉"：15岁，举止类似成年人。

"贵美子"：12岁，冷静，在意他人的举动，近来存在感有所增强。

"步美"：12岁，普通女孩，喜欢动物和花。

"由里"：12岁，凶残、暴力，有突然攻击他人的冲动，不具备充足条件时，几乎不会出现。

"结衣"：9岁，爱哭、爱撒娇。

母亲没有察觉到女儿存在多重人格问题，即使发现女儿的行为有奇怪之处，也觉得只是女儿臆想出来的，并不愿理睬。但是母亲确实察觉到了女儿情绪不稳定的问题，在老师的劝导下，终于带孩子到医院就诊。

G的左胳膊上臂位置有刀伤，有自残行为，但是本人对此没有记忆。这也是解离性症状之一。此外，G在夜间会被极小的声音惊醒，存在过度警觉症状。

折磨着女孩的多重不当对待问题

G因性侵害患有PTSD，同时诊断出解离性症状问题。医院对其在药物治疗的同时开展EMDR治疗和聚焦精神创伤的认知行为疗法，进行多重组合性治疗。此后G的过度警觉症状有所缓解。

G的案例中，首先存在因目睹父母间家庭暴力产生的依恋障碍，此后因遭受性不当对待导致精神创伤加重，出现了非常复杂的症状表现。除了精神创伤的治疗外，还需要对其进行严密的观察。此后将同多个机构合作开展治疗和援助工作。

需要专家介入的重度症状

由于解离性症状出现较少，并非广为人知，所以很多父母会误以为孩子的症状是撒谎或表演，从而置之不理。但当孩子心灵遭受重创时，是有可能出现此类重度症状的。希望大家能够加深对此类疾病的理解，在观察到身边有儿童出现疑似症状时，需要专家及时介入治疗。

现在，G的母亲已经与其伴侣分开，G摆脱了遭受性不当对待的环境。然而，G表示还会在噩梦中梦见自己被侵害、被殴打，即使呼救，也没有人来帮自己。

像此类的重度症状，治疗需要非常好的
耐心。

第五章

健康发育所必需的依恋关系

什么是依恋

儿童遭遇的不当对待与其产生的依恋障碍存在很深的关联。

近年来的研究发现，在孩童时期构建依恋关系关乎此后孩子的人生，特别是在精神层面对其有极大影响。

本章将讲述如何治疗因不当对待导致依恋关系未能正常构建的儿童。首先介绍一下依恋关系和依恋障碍。

首先提出"依恋关系"这一概念的是法国心理学家皮埃尔·雅内（1859—1947）。英文的"attachment"来自于法语的"attacher"（牢牢固定），用于描述儿童与特定母性人物（父母或抚养者）间形成的牢固纽带关系。

孩子在出生后到5岁，会与父母或抚养者形成牢固的依恋关系，从中获得安心感和信赖感，然后其关注范围慢慢向周围世界拓展，逐渐养成认知能力并形成丰富的感情。这是一般成长过程。

英国精神科医生约翰·鲍比（1907—1990）和美国发育心理学家玛丽·爱因斯沃斯（1913—1999）提出依恋关系理论，表示依恋关系对婴儿的生存必不可少。

鲍比表示，出生不到1年的婴儿，与生俱来地会对特定母性人物（父母或抚养者）产生特别的依恋行为；尚不具有语言能力，也几乎没有任何行为能力的婴儿也会对父母或抚养者表现出依恋行为，从而获取父母或抚养者好感，时常保持与父母或抚养者的近距离关系，让其保护自己不受危害。

这类婴儿表现出的依恋行为主要如下：

①感到不安或危险时，通过哭声来引起父母或抚养者的注意。

②当父母或抚养者要离开自己身边时，为了确认自己所处环境，会紧盯父母或抚养者不放，眼神追随父母或抚养者。

③当父母或抚养者要离开自己身边时，会追在其身后。

如果父母或抚养者能够饱含爱意地回应婴儿的上述行为，那么婴儿就会对父母或抚养者形成稳定的依恋关系。对婴儿来说，父母或抚养者所在的地方就是可以让其安心的、安全的地方。

第二次世界大战后，鲍比在研究那些失去双亲并且在福利机构生活的儿童时，开始关注儿童发育与依恋之间的关系。成为孤儿前越是没能与父母或抚养者形成稳定关系的儿童，成为孤儿后越是难以融入周围的孩子中，并且沉默寡言；或者朝着完全相反的方向发展，会变得过度喜欢与人亲近。

经过研究后鲍比得出结论，人类的婴儿想要健康成长，安全和探索这两个层面非常重要。如果亲子间的依恋关系没能牢固建立，这两个层面都会受到影响，导致孩子的发育成长无法正常进行，孩子会出现身心发育迟缓或出现免疫力低下等问题。

那么什么是安全和探索呢？婴儿如果没有成年人的抚养是无法生存的。对于刚刚出生的婴儿来说，最重要的是在没有危险的、安全的环境中成长。通常，这个环境是指在父母身边，并在他们充满爱和温暖的庇护下其安全能够得到保障的环境。同时，儿童为了掌握足以适应社会生活的必要技能，有时需要冒一点险，需要鼓起勇气离开安全的环境去探索周围，去拓展自己的世界。

用抓"鬼"游戏来打比方，只要躲在安全的地方就不会被"鬼"找到，但是如果一直停在一个地方不动，那么游戏就无法进行下去，这就需要冒着危险，去攻略"鬼"的阵地。当发现攻略很危险的时候，再四散开来逃窜。正因为游戏中这样的追赶和技巧有趣，儿童才会那么喜欢。

儿童的心灵成长与这个游戏有很大的相似之处。儿童以安全地带为基地，在好奇心和兴趣的驱使下，向外面的世界冒险。换言之，正因为有了父母的身边这一安全场所，即使儿童感到一点害怕和不安，也会愿意冒险去尝试。

爱因斯沃斯将父母的存在称作孩子的安全基地。

在鲍比和爱因斯沃斯的时代，家庭内男女分工非常清晰，那时主要承担孩子安全基地角色的是母亲。在现代社会，也有很多家庭是父亲、祖父母或者其他抚养者承担孩子的安全基地角色。但是如果抚养者频繁更换，那么儿童很难建立起安心感，所以让儿童在固定的人身边长大是比较好的。为了描述起来方便，后文将把固定抚养者称为父母。

当儿童感受到危险或者不安的时候，如果父母不在身边，或者即使在身边也无法提供任何安全感，那么他们就很难拓展自己的活动范围。探索的机会减少了，就会导致儿童迟迟难以独立。

儿童要想实现社会性、精神性健康成长，就需要确保有一个让儿童安全、安心的可依靠的关系存在，比如与父母之间维持牢固的亲密关系，建立稳定的依恋关系。

依恋的三种形态："稳定型""回避型""抗拒型"

爱因斯沃斯为了验证依恋关系的形成，开展了一个"陌生情境实验"。

首先将一对母子带到陌生房间，房间里放着很多玩具，母亲吸引孩子玩玩具，然后进行以下测试：

①让一位外表温和的陌生女性进入房间，与母亲交谈，并同孩子玩耍。

②母亲将女性与孩子留在房间，离开几分钟后返回。

③女性离开房间。

④母亲离开房间，将孩子独自留在房间内。

⑤一段时间后，女性返回房间。

⑥一段时间后，母亲返回房间。

实验中出现的陌生女性对孩子来说是压力源。

在孩子与母亲分开时，爱因斯沃斯会观察，母亲是否成为孩子的安全基地，或者房间对孩子来说是否是安全场所。

即使是在陌生场所，但由于母亲在身边，孩子仍可以安心玩耍。当母亲离开房间，留下孩子和陌生女性在房间时，孩子表现出了混乱和不安，但母亲返回后，孩子又再次冷静下来。这一依恋类型是"稳定型"。

不论是在陌生房间玩耍，还是离开母亲与陌生女性独处都会感到不安，但是行为上没有明显表现，母亲返回后佯装不关心的孩子属于"回避型"。

母亲在身边时能够安心玩耍，当母亲离开，独自面对陌生女性时出现剧烈动摇，在母亲返回后，情绪也无法缓和，对母亲的安慰表现出抵触的孩子属于"抗拒型"。

爱因斯沃斯分析，孩子会出现这样的差别，与父母的育儿方式有关。爱因斯沃斯得出结论表示，如果父母能够经常让孩子感受到爱，成为孩子的安全基地，那么孩子就会趋于"稳定型"。

另一方面，"回避型"和"抗拒型"都说明，父母作为安全基地的作用没有充分发挥，亲子间的依恋关系处于不稳定状态。

由于亲子关系受到个性、成长环境等的深刻影响，所以不能简单地将依恋关系与父母的育儿方式画等号。爱因斯沃斯的这一结论从现在来看存在不足之处，但是她的结论却有一定道理。

此后，美国心理学家玛丽·梅恩又发现了第四种依恋关系——"混乱型"依恋关系，也被翻译作"无序/无方向型"。这一类型的儿童，在母亲离开房间时表现出抵抗和回避两种特点，会出现发呆行为，在母亲返回时表现出混乱和不安。

遭受过不当对待的儿童，60%～80%都属于混乱型依恋关系。即便没有精神创伤，15%的孩子也会出现这种混乱型依恋关系，这或许是在父母自身的精神创伤影响下导致的。

依恋关系的形成过程

1岁之后，即使儿童可以根据自己的意愿自由活动，但是察觉到不安时，会再次回到依恋对象的身边。儿童会通过身体接触去感受能够保护自己的人是切实守在自己身边的，然后缓和紧张，进而加深同依恋对象的感情。

5岁前是脑部发育的重要时期，儿童会通过视、听、触等，并通过行动来不断确认父母对自己的爱。相互对视、微笑、触碰，这些行动都能让儿童心灵得到满足。人与人之间怎样的沟通会让人身心愉悦呢？这个阶段，孩子会通过身体接触，尤其喜欢肢体接触，然后通过饱含爱意的相互交流，以交互的方式进行学习。这是形成健全、稳定的依恋关系的重要一环。

对于婴幼儿来说，世界的构成非常简单明了。眼前看到的就是世界的一切，他们此时还没能理解什么是过去、什么是未来。如果儿童的想象力正常发育，除了眼前所见的事物之外，还会在大脑开始学会想象，开始回忆和推测。

这样，即使父母不在身边，只要构筑起了牢固的依恋关系，儿童就能够时刻明白自己是被爱着、被保护着的，能够保持内心的安心感。遇到危险时，会回想起过去的经历，坚信父母会帮助自己，然后获得勇气。

另外，这个时期的儿童也开始明白，除了父母之外，也会有其他人对自己表现出好感，与自己进行接触。也就是以亲子间的依恋关系为基石，逐渐理解以下内容：

①跟父母一样对待自己的人，是可以放心的人。
②除了父母之外，其他人也会帮助自己。

儿童会信赖父母所信赖的人，逐渐掌握独自处理事物的能力和技能，在学习与他人的互帮互助中，在社会中独立。

儿童就像这样逐渐拓展自己的世界，不断去成长。成长令人赞叹，同时成长也蓄含非常多的能量。能量之源就是被父母爱着、被父母珍视着的这份安心感。

感到不安时，父母立即伸出的援手，被父母抱在怀里的温暖，父母温柔的眼神、笑容和话语，这些都是儿童成长路上不可缺少的珍贵养分。

什么是依恋障碍

与鲍比同时代的一位研究人员以猴子为实验对象开展了依恋关系的研究。这位研究人员就是美国威斯康星大学的心理学家哈利·哈洛（1905—1981）。他在实验室中发现，从小被带离母亲身边的小猴子没有健康成长；很多小猴子在离开了父母这一安全基地后，即使在完善的成长环境中长大，寿命也较短。

如果用毛绒玩具来代替亲生母亲，小猴子早夭的概率会降低，但会出现异常举动，在成长中攻击性也不断增强。

除了这些开端性研究外，此后关于亲子间依恋关系缺失和不足的研究还有很多。

加拿大曼尼托巴大学迈克尔·米尼研究员所做的小鼠实验广为人知。在成长过程中，有母鼠为其梳毛、舔毛，在关心关爱下长大的小鼠，其社会性和情感方面都得到正常发育，反之，没能得到母鼠关爱的小鼠，长大后容易感到压力和不安。也就是说，被养育过程中是否饱含爱意，与成长后的抗压能力密切相关。

请大家也想象一下，一个幼小的孩子需要帮助的时候，被父母无视、置之不理；为了表达爱意，孩子靠近父母，仰视父母，对父母微笑，然而得不到同等的回馈；感到不安或者没有精神的时候，也得不到父母的安慰和鼓励。这种情况下是不可能培养出正常的依恋关系的。

儿童通过与父母之间爱与信赖的双向交流，学习人际关系，学习什么是社会。如果与父母之间的交流不充分，那么他们与他人接触的方式也会发生改变。现实中，如果亲子之间的依恋关系淡薄，儿童与生俱来的依恋行为也会消失。

比如，父母要外出时，孩子不会再追在父母身后；在父母回家时，不仅不会表现出高兴的情绪，甚至会忽视父母。他们会误以为这就是与人接触交往的正常情况和基础行为。长大进入社会之后也无法顺利建立与他人的人际关系。

所谓依恋障碍，就是因依恋关系不足而导致的各种各样的症状。依恋障碍不仅会导致心理问题，也会对脑部发育带来巨大影响。

特别是在婴幼儿时期遭受过度不当对待而产生的依恋障碍，会使得儿童容易出现情感控制障碍，导致抑郁症、多动症、解离性症状等重度心理疾病。

反应性依恋障碍与脱抑制性依恋障碍

依恋障碍在精神医学领域还是一个比较新的概念，对其具体的诊断标准尚未有公认的定论。为了提供精神疾病的诊断标准，美国精神医学学会定期发行《精神障碍诊断与统计手册》。在其2013年发行的第五版内容中，对精神疾病的分类和诊断标准做出了大幅修改。

在最新修订版中，将依恋障碍分为了反应性依恋障碍和脱抑制性依恋障碍两大类。

反应性依恋障碍的主要特征为：在人际关系中，无法做出恰当反应，经常出现恶劣的言行；对于照顾自己的人也抱有强烈的戒心，即使想要撒娇也无法诚实地表现出来；向着对自己温柔的人发脾气、发怒或者哭泣，时常表现出矛盾的态度。出现这些问题，可能是因为在幼时未能与父母进行正常的双向沟通，导致完全无法信任任何人。由于几乎没有对他人信赖或撒娇的经验，所以即使他人对自己抱有爱意或善意，也只会通过发怒或不做出回应来应对。

与之相反，脱抑制性依恋障碍的特征是：虽然有对他人产生依恋的能力，但是对于特定人员展现依恋的能力极度低下；在寻求依恋关系方面有不挑对象的倾向，表面看起来社交性很强，但对他人几乎毫无戒心，也不会仔细去思考他人的行为。

比如，正常小孩在摔倒后感到疼痛时会飞奔到父母身边；即使身边有陌生人伸出援手，孩子也可能会哭得更厉害；如果被陌生人抱住，会朝着父母的方向扭曲身体。然而，脱抑制性依恋障碍的儿童，即使被陌生人抱住也不会拒绝，甚至会很亲近陌生人，不愿与其分开。

脱抑制性依恋障碍的人长大后，容易对初次见面的人也表现得很熟稔，对周围人过度示好，反而被他人戒备或疏远。由于本人并未发现自己的问题，所以会因为他人的冷漠反应而受伤。另外，此类人群戒心太低，容易轻信他人的话而将自己卷入意外的危险之中。

从与不当对待的关系来看，曾提出发育性精神创伤障碍的波士顿大学的巴塞尔·范德考克研究员表示，如果孩子在5岁前持续遭受某种不当对待，有76%的孩子会发生依恋障碍。

当然，即使尚未发展成依恋障碍，很多儿童也会因为不当对待的影响导致依恋关系的形成出现问题，进而影响着此后的人际关系和社会生活。

依恋障碍与发育障碍的区别

在临床诊断中，容易与依恋障碍发生混淆的是自闭症、智力障碍等发育障碍问题。

由于依恋障碍伴有发育迟缓，特别是有认知和语言能力发育迟缓的症状，所以仅从症状上难以与发育障碍进行有效区分。笔者也曾在诊疗中对于患者究竟是发育障碍还是依恋障碍有过多次犹豫、纠结的经历。

比如，反应性依恋障碍表现为自我封闭，不愿与他人视线相交，与自闭症的症状类似。脱抑制性依恋障碍表现为难以安定下来，专注力较差，甚至可能发展为学习障碍问题，与多动症等发育障碍的症状难以区分。

如果将依恋障碍误诊为发育障碍（或者相反），那即使进行治疗也不会有任何改善。因为虽然症状表现相似，但相应治疗方式却是不同的。

如果儿童患有多动症，家长首先应该对相关症状有所了解，并接受家长训练这一心理教育，学习妥善处理方式。这是一种基于行为疗法衍生出的心理教育方式，当孩子出现好的行为和不好的行为时，家长通过学习，掌握减少孩子不好的行为的技巧。通过这种方式消除亲子间的矛盾和别扭，重新构筑起更好的亲子关系。

然而面对患有依恋障碍的儿童，仅仅使用应对多动症的治疗方式是不够的。依恋障碍主要表现为人与人的关系性问题，所以不仅需要父母做出努力，也需要育儿援助专家、幼师、老师等参与进来，构筑全方位的良好关系。所有相关人员要同医生一起，为深陷依恋障碍而痛苦的儿童做出努力，使其能够在良好的人际关系中得到良性循环。

对于存在发育障碍的儿童，通过药物治疗等方式能够很大限度改善其功能，使其接近正常水平。但患有依恋障碍的儿童，控制相关身体功能的脑部区域功能性更弱，其内生动力、成就感、喜悦的获取难度极高，在这一方面，依恋障碍与发育障碍存在较大差别。

此外，患有发育障碍的儿童，症状会随着成长而出现减弱的趋势。然而，患有依恋障碍的儿童如果没有得到恰当的治疗，症状是不会缓解的。要改善反应迟缓的脑部功能，需要采取贴合儿童症状的长期治疗。

不论是发育障碍还是依恋障碍，在基本行为疗法和育儿中，对儿童的表扬是非常重要的。特别是针对存在依恋障碍的儿童，需要格外多的表扬。

促进依恋再形成

受不当对待导致依恋障碍的儿童，基本都存在很大的精神创伤。需要通过不厌其烦的努力走进儿童内心进行治疗，帮助其从精神创伤的伤害中恢复过来，并逐渐实现自身的独立。

治疗的同时还要营造良好环境，让儿童能够对特定人员产生信赖，构筑起依恋关系。所以首先要确保儿童处于一个可以安心生活的安全场所，比如充分运用儿童养护设施、儿童独立支援设施，或者将儿童寄养到合适的家庭中。

在针对依恋问题开展的心理治疗中，最重要的是让儿童感受到身边的人是可以让自己放心、安心的。

在全新环境中面对新的抚养者时，年龄小的儿童可能会出现以下行为：试探抚养者是否是可以信赖、可以安心的人。比如有的孩子会回到婴儿状态，会吵闹、会咬新的抚养者，出现以往从未有过的举动；有的会出现听力、分辨能力下降，会不愿从新的抚养者身边离开；有的会因为不安而在夜晚无法独自睡觉，会嗫手指，半夜尿床。

曾经有个9岁的小男孩，就出现了不坐在抚养者膝盖上就不愿喝汤进食的情况。此时不要勉强儿童去改变他的行为，而是首先要接受他，然后温柔地守护他。

年龄较大的儿童可能会出现体弱或过敏等身体问题恶化的情况。也有的儿童对冲动的控制能力下降，会对周围人表现出攻击性态度，出现一些问题行为。有的儿童自我认同感极度低下，会陷入消沉状态，学习成绩出现下滑。这些次生性症状的恶化都是需要密切关注的。

在重复着这些行为的过程中，儿童会逐渐懂得真正的亲子间依恋关系应该是什么样的。在充满温柔话语和体贴行为的环境中，儿童能切实感受到安心和安全感。

儿童只要觉得能够信赖的成年人在自己身边，就能够稳定下来，逐渐地萌生出自己是有价值的这类想法。这种以爱为基石形成的情感是让儿童在社会中生存下去必不可少的养料。

与克服精神创伤一样，重新构建起依恋关系需要相当长的时间。因为依恋障碍儿童已经形成了不恰当的依恋行为，首先要消除已有的依恋行为模式，然后重新构筑起新的、健康的依恋关系，并不是从零出发，而是从"负"出发。

此外，由于患有依恋障碍的儿童很少得到父母的表扬，达成某个成就时也没有父母陪着一同欢喜，所以自我认同感极度低下。即使周围的人开始表扬他们，向他们温柔搭话，这种温柔也可能无法传达到儿童心底。

同时，这些儿童对于批评、指责等行为是很敏感的，被轻微责备都有可能使他们骤然僵化。

参与治疗的医生和援助人员需要对儿童的状态进行细致入微的观察，以耐心细致的态度为他们重新构筑起良好的依恋关系。这是一个非常花时间的过程。有的时候刚看到一点希望，儿童却又仿佛回到了原点，这种循环往复现象会多次出现。从扭曲的依恋关系这一硬壳中把儿童解救出来绝不是一件容易的事。

但是治疗也绝对不是徒劳的。

治疗虽然很耗时，但是儿童的心灵和脑部是在切实恢复的。笔者同脑科学、精神医学的医生长期从事一线治疗工作，都认为这一点是可以确定的。但笔者有时也会忍不住想，如果能再早一点开始治疗，效果可以更好。

这也是为什么笔者会不断强调及早将儿童从不当对待中解救出来，进行心理治疗的必要性和重要性。

指导父母构建依恋关系

在治疗依恋障碍儿童时，不容忽视的是儿童的父母也因这一病症备受折磨。

有的家长虽然还没有到对孩子施加不当对待的程度，但是因为不懂如何与孩子相处，所以在与孩子接触中很少有饱含爱意的话语和肢体接触。近来这种亲子关系呈现增加的趋势。

因此，当前除了对儿童的治疗外，还应抓紧构建针对父母的治疗和关怀机制。根据具体情况，除了使用咨询和心理诊疗外，还可以使用一定的药物进行治疗。

近来，在这种现状下，以父母或抚养者为对象，指导其如何建立与儿童的恰当依恋关系相关的项目也多了起来，虽然在脑科学领域没有得到完全论证，但是一些"依恋修复项目（修复性依恋疗法）"被运用到心理治疗中，这些项目主要是让抚养者接受家长训练，同时回顾自身的成长经历。

另外，还有一种叫作强化儿童与成年人关系（CARE）的心理教育项目也被应用到实践中。这一项目主要是引导父母在同儿童日常的交流、交往中改善与儿童的关系。

美国俄亥俄州辛辛那堤儿童医院开发出的这一项目，不论自身是否存在精神创伤，所有的成年人都可以进行尝试。

项目内容主要是通过角色扮演，让父母在切身体验中提高同孩子接触的能力。在笔者所在的医院诊疗部，针对那些对育儿存在困惑的家庭，或者其孩子不愿上学的家长，都积极地通过这个CARE项目进行调整和引导。

在日本，白梅学园大学的福丸由佳研究员带头实践CARE并积极普及这一项目。这里简单介绍其中部分内容。

父母或身边成年人应该积极对儿童使用的三种沟通技巧：

①重复。

②用语言描述举动。

③积极表扬。

就"重复"来说，如果孩子告诉家长"我画了一个红红的苹果"，此时家长可以说"真的是一个红红的苹果呀"，有意识地重复孩子对事物的恰当描述，让孩子成为对话的主角，向孩子传递出家长在认真倾听和理解孩子所说的话。通过这种形式提高孩子的对话能力，增加孩子的对话频次。

关于"用语言描述举动",比如孩子将画本放回到书架上,这时家长可以说:"好棒,你能自己收拾东西啦!"通过这种对话向孩子传达父母对其的关心和关注,让孩子了解这是一个很好的举动;通过这种对话让孩子能够持续专注于眼前正在进行的动作,并理解自己正在做的举动。

关于"积极表扬",要具体地去表扬孩子好的行为和态度,比如对孩子说:"真棒,你都能做到把喜欢的玩具借给朋友了呀!"比起惩罚和批评,表扬更能够促使孩子增加好的行为和举止,而且不仅是孩子,父母也会感到快乐,有助于构建起良好的亲子关系。

接下来是父母应该在同孩子沟通的过程中尽量避免的三种沟通方式:

①命令或指令。

②不必要的提问。

③禁止或否定的表达。

"命令或指令"，会从孩子手中剥夺主导权。比如孩子正在完成学校布置的画画的作业，孩子已经想好了要画什么，这时候父母为了让孩子画出的内容更加丰富，会说："要不试试画这个内容呢？"这句话的潜台词就是希望孩子能够听从父母的想法。如果这时候孩子不听话，父母就会心情不好，也就不会对孩子有好脸色。

"不必要的提问"，比如当孩子正在思考的时候，如果父母突然搭话，问道："你在想什么呢？"这样会打断孩子的思考，影响孩子的注意力。另外，类似于"你还不回房间吗"的提问方式其实是一种诘问，表达出的是一种反对孩子目前行为的倾向，应该多加注意。

"禁止或否定的表达"，如"不要""不行""不许"这类带有禁止或否定含义的话，会带来不愉快的沟通交流经历。"不许哭了""不准找借口""不准乱扔东西"，成年人在说出此类话语的时候，其实也是在发泄心中的焦躁，这种带有否定性质的语言对改善问题并无裨益，反而会增加孩子的否定性行为。

为了能让孩子在更好的环境下成长，对父母的关心与支持是十分必要的。为了让儿童长大后不要将遭受的不当对待也施加到自己的孩子身上，继而导致亲子关系扭曲或缺陷，医生、专家、社会福利机构等应该携起手来，加大对父母心理问题的治疗力度。

本书将在最后一章中详述对父母的关怀和支援。

H（6岁，女孩）

母亲去世，缺乏父亲照料，导致依恋障碍

无法倾注的爱

H在5岁的时候母亲去世，与父亲相依为命。但由于父亲的工作主要是夜班，所以H晚上都是在祖父母家中度过的。祖父母因为生病，也无力继续照顾H。

H在发育方面没有什么特别的问题。在幼儿园，对于自己喜欢的游戏能够长时间玩下去，但对于没有兴趣的事物却缺乏耐心。

另外，H容易冲动，很难控制情绪，发生过拍打同学的问题。这是由于H在家里一直看着父亲的脸色感到很压抑，这份压抑到了幼儿园就想发泄出来。

另外，H对于疼痛很迟钝，即使摔倒了也不哭。她有时候会在洗手间之外的地方小便。H非常执拗，如果事情不能按照她期望的方向发展，会发生敲打自己的头部或手部的自残行为。父亲在幼儿园老师的劝说下，带着孩子到医院就诊。

可以看出，H 的父亲在育儿和工作之间疲于奔命。经过询问发现，父亲在与H相处的时候容易焦虑，不仅会对孩子说出一些带有否定性质的话，有时还会对孩子动手。事实上，H 的父亲在小时候也遭受过祖母体罚。

复杂的家庭环境

在诊室就能明显感觉到H难以安定下来。H快乐玩耍的时候愿意与医护人员进行视线交流，但生气或与人对话害羞的时候会拒绝视线相对。对于她不感兴趣的事物，往往对话难以持续，会一个人突然跑出去，仿佛并不在意父母是否在自己身边。

H的父亲起初对孩子的症状并不关心，对于药物治疗和心理治疗也抱着消极的态度。在治疗中，H升入了小学，进入了普通班级。H在小学二年级时开始接受药物治疗，虽然仍然会与同学发生矛盾，但是症状已开始有所缓解。药物治疗的同时，游戏疗法也同步开展。

现在，H虽然还存在话多、容易大声喊叫的情况，但有了学习意愿，学校生活也相对比较稳定了。

然而，H 的父亲突然再婚，并且继母又生了一个男孩。继母表示完全对H 喜欢不起来。如果家庭中再发生不当对待行为，那么H的心灵会再次受伤。治疗中，笔者已多次对其父母强调，体罚只会给孩子的发育带来恶劣影响，为了H的症状能够缓解，绝对不能再对孩子动手。

为重新构建依恋关系而开展的治疗

像H这样的患者，首先要让她切实感受到自己是有价值的。所幸，治疗和干预还比较及时，周围人的帮助和治疗也显现出了效果，坚冰在阳光的温暖下逐渐开始融化。作为一名小儿科医生，在看到H的脸上重现孩子应有的天真的笑容时，感到无比满足。

不仅仅是这个案例，对许多依恋障碍儿童的案例，为了重新构筑依恋关系都需要花费相当多的时间和精力。特别是因精神创伤出现依恋障碍的年龄越小，成长中越快显现出各种问题。只要改善日常生活环境，聚焦重构依恋关系，及时、耐心进行心理诊疗，孩子们都会慢慢恢复，重现健康、开朗的一面的。

当然，孩子的发育存在个体差异，其恢复过程中发育的特征、依恋障碍的程度、精神创伤的程度以及恢复能力等多个因素往往交织在一起。但是像H的案例一样，如果及早寻求专业帮助，症状改善的可能性是非常大的。

案例学习2

I（9岁，男孩）

因父母养育困难导致依恋障碍

心灵创伤外现之时

I与母亲和两个兄弟一家四口一起生活。I 4岁的时候，父母离异，父亲离开了家。从小到大，父亲几乎没有参与过育儿，全靠母亲支撑。母亲工作很忙，身体也不好。

I的大哥已经初中二年级了，会频繁出现盗窃等不良行为，而且经常在家中大闹，破坏物品。在I 8岁的时候，父亲开始与他联络，偶尔会见面。

I在学校，对于稍有难度、需要集中精力努力学习的内容很难集中精神，经常跑出课堂。有时会对着同学挥舞刀子，发出奇怪的声音，不知是不是在模仿哥哥的行为，经常会说出暴力性语言。为了吸引朋友或老师的注意而故意做坏事。只要事情发展不如意，就生气、闹别扭，表现得很焦躁。

学校联系了儿童咨询中心，儿童咨询中心怀疑I患有依恋障碍，将他转到了笔者所在的医院。

母子合力开展的治疗

在诊室，I表现得非常老实，看起来与母亲的关系不坏。因为I在家中表现得相对比较乖巧，所以母亲对其在学校的表现无法理解，对于治疗也难以接受。听了I在学校的表现，知晓儿童咨询中心等机构也介入进来，I的母亲表现得很困惑。

最初，笔者先对I进行了药物治疗，似乎没有起到效果。但为了做MRI检查，短暂停药后发现I的状态发生了明显异常，才发现药物是起到了一定作用的。停药之后，I与兄弟间的争吵加剧，I症状的起伏也更加明显。

同时，笔者还对I进行了心理咨询。起初，I的自我认同感很低，经常会说出"母亲会生气是因为自己不好"之类的话。I对自己的行为没有自信，戒心非常强，经常表现出迟疑不安的态度。通过心理咨询，慢慢与之沟通后，他的内心出现了些许稳定迹象，并逐渐恢复了自信。

I的母亲也同时接受了家长训练，所以在

I做出好的举动时，母亲也更加积极地对其进行表扬。这是一个很大的变化。另外，每次诊疗时，都会请学校的有关人员同行，请他们在学校也要对I的努力提出表扬。

学校和家庭间对信息的互通有无，对治疗起到了很大的帮助。对母亲来说，看到医生和学校在一起为了自己的孩子而努力，会感到更加安心。

后来，I几乎不会再突然跑出教室或者发出奇怪的声音了。据反映的情况来看，I变得更开朗，也更有动力和活力。学习方面，因为小学一二年级的时候没办法专心学习，基础打得不好，学习起来比较吃力。但是I自己也表示，因为学习已经落下了，就更不能不去上学了。

在家里，兄弟间的争吵少了，I也开始帮

着做家务。

表扬教育的力量

虽然 I 刚就诊的时候自我认同感非常低，但在母亲和周围人的表扬、鼓励下，他出现了肉眼可见的恢复。作为一名医生，笔者非常有成就感。

生理学研究所的定藤规弘研究室发现，与食物和金钱一样，表扬的言语在脑内也属于奖励的一种。当被人表扬时，做出反应的大脑部位与获得金钱报酬时做出反应的大脑部位都是纹状体的某个部分。脑科学也证明了表扬教育对孩子成长的重要性。

现在很多案例中，孩子的自我认同感都很低。作为父母或者老师，不能单纯地否定孩子的问题行为，应该努力找出孩子的优点进行表扬，哪怕这个优点很小。

在奖励孩子的时候，即使没有零食、零花钱或者游戏机都没关系，表扬本身对孩子来说就是一种很好的奖励，对脑部发育会产生积极影响。

案例学习 3

J（12岁，男孩）

因父亲的过度体罚导致依恋障碍

J从小就被父亲过度体罚，父亲以管教为名对其施加暴力。J的腰部周围、大腿、手腕、脸颊等多处出现青紫。

即使上了小学，体罚仍在继续。J的弟弟K在学校被发现手肘内侧有青紫，而且疑似母亲没有给予其正常进食。

据J描述，不仅他自己被父亲用皮带抽打，父母还让他殴打弟弟。

在学校，如果同学开他的玩笑，他会当

面殴打同学，把同学书包里的东西弄坏、弄乱，还会推搡来阻止他的其他同学。只要一生气，他就会把从父母那里遭受的体罚加诸同学身上。

受学校劝导，J 和父母一同来接受诊疗。

父母的改变带来的症状改善

起初，J 的父母还坚称所谓的体罚是为了孩子好，仅仅是对孩子的管教而已。父亲认为自己小时候也是受着严格的体罚才得以实现独立的，对于体罚就是教育这一点深信不疑。

所以首先要改变J的父母的观点。笔者多次对其父母进行劝导，让他们明白过度体罚绝对不是有益的管教方式，建议父母使用体罚以外的方式来教育孩子，比如使用一些抽象的奖励（对好的行为提出表扬）来激发孩子的干劲和动力。当J做出了好的行为时，可以奖励孩子印章或者小贴纸，尽量给予孩子积极评价等。

笔者同时也引导其父母正确对待导致自身焦躁的压力，让其父母学会如何不用体罚，将自己的想法更加恰当地传达给孩子。

督促J的父母要多对孩子说"不论如何，我们都喜欢你，你对我们非常重要"；引导父母多观察孩子的状态，当发现孩子比较消沉时，要貌似不经意地询问他是否发生了什么事情。随着父母的言行发生变化，J也发生了改变。

同时，还对J采用了药物与沙盘游戏的综合疗法。由于J一直认为会遭到体罚是自己的错，为了消除这种想法，我们不厌其烦地对其进行引导，促进其形成正确的认识，逐渐减少其问题行为。

修复亲子关系的方法

　　像J这样的案例，必须注意的一点是当他的状态稳定下来后，能够独自回忆起过去经历的时候，往日遭受体罚的记忆重现，J的状态有可能再次不稳定，这时就需要进行恰当的关怀。

　　此外，这个案例中，坚信体罚是正当行为的父母，如何对他们进行心理教育也是关键。只能不厌其烦地一遍一遍进行解释说明，让他们真正理解什么是正常的亲子关系，然后再逐渐重新构筑亲子间的依恋关系。

　　将对孩子的爱用语言表达出来；从小事

做起，学会表扬孩子。这是笔者对修复亲子关系的两点建议。只要父母能够关注到孩子的细小变化，孩子就会很开心，这样做也有助于孩子维持对自己的认同感。

当然有的时候也是需要呵斥孩子的，但是要时刻自我提醒，呵斥一定要控制在60秒之内。当然，那种完全为了发泄情绪，不管不顾的体罚不包含在内。

第六章

摆脱不当对待

切断恶性循环

不知大家是否听过"虐待会传染"这句话。

1993年，英国的精神科医生杰克·奥利巴基于英美两国60多份关于影响不当对待代际传播的家庭内因素的研究报告，综合多项研究成果，预测出虐待的代际传播概率。

从结果来看，小时候曾遭受不当对待的人有三分之一会在成年后成为父母时，对自己的孩子施加不当对待；有三分之一不会施加不当对待；另有三分之一没有明显倾向。

这个研究结果中，我们应该着重关注的是那些从本应爱自己的人那里遭受过不当对待，遭受过痛苦的人，有三分之一的概率自己也会变成加害者。

当然，从另一个角度来看，有三分之二的人斩断了这种恶性循环，所以还是有希望的。

导致恶性循环发展下去的原因之一是不当对待带来

的危害。由于父母在现代社会中与构筑起良好人际关系相关的脑部部位出现损伤，所以日常生活出现困难，这一困难又会带来压力，进而导致抑郁症、人格障碍等心理疾病。

由于父母有这样的心理障碍或疾病，所以也会传导到下一代身上。

在渴望受到保护的孩童时代，被父母忽视、恶语相向，被父母抽打、殴打，这样成长起来的人不明白什么才是正常的家庭。人是一种通过模仿来学习的动物，如果自己就没有感受过爱，何谈给他人施以爱呢？

他们在成为加害者之前也都是受害者。

从这个层面来看，不仅要关心、关怀遭受了不当对待的儿童，关心、关怀其父母也同样重要。

预防不当对待的新尝试

我们在研究中发现，仅研究儿童的脑部是不够的，还要研究其父母的脑部。

研究之一就是抚养者风险管理，我们将其命名为"预防和援助育儿困难的压力评估系统"，目前正努力推动其实践运用。

育儿的人都会感受到压力，但是压力程度明显因人而异。在这项最新研究中，我们通过fMRI来研究育儿压力主要影响脑的哪个部位。结果发现，当母亲抑郁倾向加重时，与同情、共情相关的前额叶活性下降。

如果正在育儿中的人共情能力下降，会发生什么问题呢？比如看到婴儿也不会觉得它可爱，难以推测出小孩子是为了什么而哭泣。在育儿中，共情能力是非常重要的。如果育儿压力过大，这一能力就会明显下降。

图6-1所示为母亲抑郁倾向加重后，在理解他人情绪相关的实验中发现其前额叶的部分区域活性下降。

笔者思考到，如果能够发现育儿压力加重的征兆，及时进行妥善处理，后续也许能减少不当对待行为出现的风险。今后还将就此方面继续开展相关研究，如果能够将不当对待防患于未然，很可能大幅减少因此受伤的儿童数量。

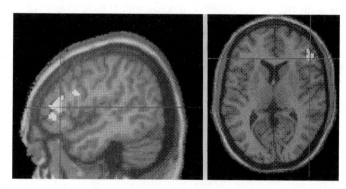

图6-1　前额叶的部分区域活性下降

肢体接触，让父母形成"育儿脑"

人并不是一生下来就具有成为父母的能力的。大阪医科大学看护学部的佐佐木陵子曾经做过一个有趣的实验：让没有育儿经验的男女接触婴幼儿，通过问卷和fMRI等手段研究其父性或母性是否提高（是否做好了成为父母的准备，以及是否对育儿持积极态度）。

实验发现，参加实验的人，不论男女，其育儿积极性都得到了提高。通过fMRI检查发现其脑部与育儿相关的部位也发生了变化。

可以看出，对儿童慈爱、珍视儿童的感情不是与生俱来的，而是可以在与儿童的接触中被唤醒、被培养起来的。

爱孩子，能够照顾孩子而活跃起来的脑，这里暂称为"育儿脑"。现代社会中，除了幼师以外，没有育儿经验的成年人几乎没有与儿童接触的机会，"育儿脑"也不会活跃起来。

但是因为这种父母的天性是可以后天培养起来的，所以孩子出生后，多抱抱孩子，增加与孩子的肢体接触就能够培养这种为人父母的意愿和能力。通过亲子相拥获得温暖和安心感的不只是孩子，父母也同样会获得。通过这种肢体接触，人体分泌出催产素，这种物质可以使人保持平和稳定的心境。

催产素也叫爱的激素，是垂体后叶分泌的一种物质，是与女性生产、育儿密切相关的激素，在分娩时能够促进子宫收缩，生产后能让乳腺纤维收缩，促进乳汁分泌。

催产素不仅对女性生产和育儿有效，其实不论男女都会分泌催产素。根据研究报告显示，肢体接触、同亲密的人愉快对话以及相互表达爱意都能够促进催产素分泌。

催产素还能够抑制杏仁核的过度兴奋，抑制斗争意愿和恐惧心理，让人感受到安稳，感受到被爱。所以也许催产素对于治疗自闭症或PTSD也有一定功效。

有的欧洲国家将吸入型催产素认证为催乳药物。由于在日本还没有通过试验证明其有效性和安全性，所以还处于临床试验阶段，尚未实际应用。

在育儿中感到不安的时候应该试试肢体接触，因为催产素能够抑制不安和恐惧的情绪。希望大家多抱抱自己的孩子。上面也提到过，男性也会分泌催产素，所以希望父亲们也能多与孩子进行肢体接触，培养自己的"育儿脑"。

当父亲或母亲抱住孩子的时候，不仅孩子能够感受到被父母保护的安心感，父母也会因催产素的分泌而情绪更加平稳、安定。虽然这个动作很简单，但是效果非常好。

如果平和的情绪能够持续下去，那么就更容易避免产生不当对待等不良行为。

能够为孩子做的事

不知大家是否听过这样一个活动——"为了孩子的健康成长，消除爱的鞭子"。

2017年，为推动消除育儿中的体罚行为，厚生劳动省制作的宣传页上写明了体罚对脑部发育带来的影响。

宣传页中呼吁，那些所谓爱的鞭策，很有可能不知不觉间发展成了对儿童的虐待，要在理解和体谅儿童中进行育儿。宣传页的内容主要有以下五点：

①在育儿中不出现体罚或语言暴力。

②如果孩子恐惧父母，就无法向父母求救。

③在焦虑即将爆发前冷静下来。

④父母要自己学会求助。

⑤要将孩子的心情和行为分开思考，帮助他们成长。

第①条的重要性书中已强调多次。从小就接受以管教为名的不当对待的儿童，会为了在严苛的环境中生存下去，即使父母的言行多么不讲道理，也会看父母脸色，去认同父母的想法和价值观，试图接纳父母。极端情况下，还会对父母哪天没有打自己而心存感激。这种心理叫作斯德哥尔摩综合征。这一病名来自于1973年瑞典斯德哥尔摩某银行发生的一起抢劫案。由于人质被挟持的时间过长，反而对犯人产生了共情和好感。

这正是人类为了能够生存下去而产生的行为，处于不当对待之下的儿童，与这里的人质其实是一样的。正如第②条内容所说，不要让孩子对父母产生恐惧心理。

第③条是建议父母如果自身有焦虑、焦躁情绪的时候，可以采取一些恰当的回避方式。虽然这种回避方式不太好找，但是可以在自己情绪即将恶化时多尝试几种方式，总能找到有效的手段。

第④条内容不仅是为了孩子，也是为了父母自身。遇到问题不要一个人憋着，可以到保健所、儿童咨询所、医院等机构寻求专家的协助。

第⑤条提到的发育，是孩子成长中的关键词。儿童的脑部不会一下子发育成熟，具备应有的社会属性。儿童表现得比较自私，只想实现自己的想法，这些都是脑部尚未发育成熟的表现。

儿童不是成年人的缩小版，如果父母不能充分理解这一点，就总会想让儿童能够听话，并做出超出必要范围的强硬指示和指令。

例如，老话常说，3岁孩子最让父母头疼，这其实是前额叶尚未发育成熟的表现。尚处于发育中的脑部，很难控制得住自身的欲求。这个时候，不管父母再怎么指责孩子的任性都是没有意义的。此时需要的是守护。

那么，父母怎么才能更好地压制自己的怒火呢？

有效的一个方法叫作愤怒控制法。愤怒是很自然的情绪反应，没有必要对愤怒这个情绪本身大加苛责。要想恰当地处理自己的怒火，需要先了解愤怒的种类和成因，将自己的情绪妥善地传达给对方，要学会应对导致焦虑或愤怒的压力。

这个愤怒控制法不仅对亲子关系和夫妻关系有效，对妥善处理职场关系和朋友关系也非常有效。近来相关的讲座和著书也在增加。

此外，为了在与孩子沟通时，不使用过分的语言或暴力，还要进行提高沟通能力的训练，这也是成年人应该做出努力的一个方面。

必要的抚养者支持

人都是有了孩子之后才第一次成为父母的。前文也提到，除了幼师或与幼儿教育相关的工作人员外，成年人有孩子前几乎没有机会接触儿童，突然成为父母之后，面对孩子这样一个充满未知的生物，在育儿中会感到困惑和烦恼是很正常的。

从很多年前开始，我们就时常听到日本是一个面临幼年人口减少问题的国家，与上一代及再上一代相比，现今的家庭中，在工作赚钱的母亲数量增加了。此外，在单亲母亲、单亲父亲等家庭形式逐渐多样化的今天，在育儿方面，主要靠母亲守护在孩子身边这种观念仍然根深蒂固。

邻居间的相处也与以往那种亲密往来不同了，新手母亲想找个有经验的人寻求帮助或者倾诉育儿烦恼都很难。

而且即使家里孩子数量少了，也不意味着育儿就变得轻松了，育儿的难易不是简单的加减法。在"育儿就是自己的责任"这种思潮泛起的现代社会，感到育儿困难、孤独无助的父母越来越多。

如果单纯地把育儿的责任丢给父母，他们的压力会与日俱增，对孩子言语强硬，甚至对孩子动手的情况也会时有发生。这并不是一个好现象。仅仅去责备那些做出错误行为的父母，并不会给儿童带来任何帮助。

笔者认为，加大对育儿人群的支持，多方共同守护孩子成长，才是减少经济社会的损失，营造宜居环境的关键所在。然而，日本在支持育儿人群的工作方面做得远远不够。

为了改善这方面问题，减少家庭中发生的不当对待问题，有很多人都在为之努力。日本国立研究开发法人科学技术振兴机构、社会技术研究开发中心开展的一项名为"加大抚养者支持力度，减少儿童虐待"的活动就是其中之一。笔者所在的团队也参与其中。

这项活动并不是为了对存在不当对待行为的父母进

行指导或处罚，而是从多个视角加大对抚养者的支持。除了小儿科学、脑科学等医疗领域外，社会学、心理学、教育学、法学等多个领域的专家汇聚在一起，在与儿童直接接触的学校、机构的相关人员帮助下，和地方相关部门人员的帮助下，共同凝聚智慧，思考方案。

希望全社会共同关注儿童的心灵发育

让儿童摆脱不当对待不是一朝一夕能够做到的，但儿童不应该遭受会导致脑部变形的伤害。

儿童需要的是能够安心成长的环境，能够给予他们这种环境的正是我们成年人。

成年人与孩子，每一个小小的纽带联系汇聚起来就构成了我们所处的社会。

为了能够让更多的孩子免于陷入依恋障碍的不幸境地，全社会应该携起手来共同解决亲子间的问题。

笔者时刻思考着，作为一名医生、一名科学工作者、一个普通的母亲，为了给儿童成长营造良好的环境，自己到底能够做些什么？

因此，挑战还在继续。

 后 记

2008年5月，中国四川汶川发生了震级8级的大地震，地震导致的死亡人数约7万人，因地震受伤的人约37万人，日本连日报道了这一灾害。

笔者到现在也忘不了当时相关媒体的这样一篇新闻报道：地震发生后的第二天，搜救人员从倒塌的建筑物中发现了一个跪趴在地上已经失去生命的年轻女性。她的身体下面保护着刚出生不久的男婴，孩子奇迹般地存活了下来。母亲的手机上有这样一段话：亲爱的宝贝，如果你能活着，一定要记住我爱你。母亲用身体顶住了沉重的建筑物残骸，保护了孩子的生命，并拼尽全力留下了这样一句话。

　　这个孩子与母亲相处的时间太短了。但是这个孩子是被母亲深爱着的，母子二人被强有力的爱紧紧联系在一起。

　　笔者每次思考依恋关系的时候都会想起这对母子的故事，也会忍不住思考，这个孩子现在不知过得如何。

　　本书最后希望能够借此机会对同仁和后辈们表达感谢。

　　首先想感谢授业恩师三池辉久老师和马丁·泰切尔老师。

　　还要感谢藤泽隆史、岛田浩二、滝口慎一郎、高田纱英子、矢泽亚季、神原信子、牧田快、西川里织，还有儿童心理诊疗部以及笔者研究室的研究人员和研究生们，还有很多人无法在此一一列出姓名。各位对笔者研究的支持笔者将永远铭记于心，今后也请继续多多关照。

　　还要感谢NHK出版社的祝尚子以及编辑弥永由美女士，是他们抱着让更多人关注儿童虐待这一沉重的话题，让更多读者了解相关内容的初衷，才有这本书的出版。

最后想感谢一下笔者的女儿，正因为她们，笔者才明白了什么是育儿的快乐，是她们让不成熟的自己能够以母亲的身份不断成长。希望大家在成为父母前，能够多读读这本书。

友田明美

图书在版编目（CIP）数据

停止不恰当的教育 / （日）友田明美著；朱曼青译
. -- 成都：四川科学技术出版社，2023.3
ISBN 978-7-5727-0911-1

Ⅰ. ①停… Ⅱ. ①友…②朱… Ⅲ. ①脑科学－应用
－儿童教育－研究 Ⅳ. ①G61

中国国家版本馆CIP数据核字（2023）第040816号

著作权合同登记图进字21-2-21-329号

Kodomo no nou wo kizutsukeru oyatachi
Copyright © 2017 Tomoda Akemi
All rights reserved.
First original Japanese edition published by NHK Publishing, Inc.
Chinese (in simplified character only) translation rights arranged
with NHK Publishing, Inc.
through CREEK & RIVER Co., Ltd. and CREEK & RIVER SHANGHAI Co., Ltd.

停止不恰当的教育
TINGZHI BU QIADANG DE JIAOYU

著　　者	[日] 友田明美	
译　　者	朱曼青	
出 品 人	程佳月	
责 任 编 辑	刘　娟	
助 理 编 辑	刘倩枝	
责 任 校 对	罗　丽	
封 面 设 计	沐云书籍设计	
责 任 出 版	欧晓春	
出 版 发 行	四川科学技术出版社	
	地址　成都市锦江区三色路238号　邮政编码 610023	
	官方微博 http://weibo.com/sckjcbs	
	官方微信公众号　sckjcbs	
	传真 028-86361756	
成 品 尺 寸	125mm × 185mm	
印　　张	6.875	
字　　数	137.5千	
印　　刷	四川华龙印务有限公司	
版　　次	2023年5月第1版	
印　　次	2023年5月第1次印刷	
定　　价	48.00元	

ISBN 978-7-5727-0911-1

邮　购：成都市锦江区三色路238号新华之星A座25层　邮政编码：610023
电　话：028-86361770

■ 版权所有　翻印必究 ■